RELATION
DU
NAUFRAGE
D'UN
VAISSEAU HOLLANDOIS,

Nommé Ter

SCHELLING,

Vers la Côte de Bengala;

OU

L'on voit des effets extraordinaire de la faim, & plusieurs autres choses remarquables, arrrivées à ceux qui montoient ce Bâtiment.

A AMSTREDAM,
Chés la Veuve de JACOB VAN MEURS.
1681.

AVERTISSEMENT.

LEs ſuites du Naufrage du Vaiſſeau nommé *Ter Schelling* ſont ſi particuliéres, qu'elles méritent d'être ſuës. On lit bien dans l'Hiſtoire d'étranges effets de la faim, juſques là que des méres ont eu le cœur d'ôter la vie à leur enfans pour ſe la conſerver; mais on n'y a point encore lu qu'un homme ait déterré des morts, ni ôté leur pâture aux vers pour ſe l'approprier. C'eſt ce que le Lecteur verra dans cette Rélation: Un de ces pauvres affamés qui nous en ont fourni le ſujet, trouve en ſon chemin un Tombeau qu'il eſt tenté d'ouvrir; il ſuccombe à la tentation, il ouvre ce Tombeau où il trouve un cadavre qui fait horreur tant il eſt difforme & rongé des vers. Cet objet tout affreux qu'il eſt bienloin de l'effrayer, lui plaît: il propoſe à ſes Compagnons de s'en ſervir contre le mal qui les tourmente; ceux-ci plus modéres, ou peutêtre en qui la faim n'avoit pas fait d'impreſſion ſi forte, l'en diſſuadent, & il ſe rend à leurs raiſons. La peine qu'il a à les croire nous fait voir ce que peut la faim, ou plutôt la peur de mourir; la ſeule paſſion qu'on a pour la vie étant ſeule capable de nous porter à ces terribles extrémités.

Je ne parle point de l'ardeur avec laquelle lui & les autres cherchérent pluſieursfois le corps d'un de leurs Compagnons qui mourut dans l'Ile où ils abordérent pour le dévorer. Cet empreſſement quoique furieux n'a peut-être rien de ſi ſurprenant que l'ouverture d'un ſépulcre où ils ne trouvérent qu'un reſte de cadavre. Je laiſſe auſſi apart les ſerpens, les charognes, les feuilles d'ard'arbres, l'herbe, les insectes, & la fiente des animaux qui leur ont servi de nourriture. Il s'est peutêtre déja vu de ces tristes exemples, & des rencontres aussi funestes que celle de nos voyageurs. Quoiqu'il en soit je ne pense pas que le Lecteur puisse me savoir mauvais gré de la Rélation que je lui donne: Si elle n'est pas gaie, les sujets les plus enjoüés ne sont pas toujours les plus utiles; & il n'est pas malapropos de faire quelquefois des lectures qui nous font connoître ce que nous sommes & ce que nous pouvons.

RELATION DU NAUERAGE D'UN VAISSEAU HOLLANDOIS,

nommé Ter SCHELLING, *Vers la Côte de Bengala.*

Départ du Vaisseau nommé Ter SCHELLING.

NOus partîmes de Batavia avec les vaisseaux nommés *Wésop*, *Brouwers-haven*, & *Nieuwen-hove* le troisiéme de Septembre de l'année mil six cens soixente & un, & fîmes voiles vers *Ongueli* dans le Royaume de Bengala. Notre vaisseau nommé *Ter Schelling* étoit monté de quelque huit piéces de canon; l'Equipage étoit de quatre vints cinq hommes, & sa charge d'argent monnoyé, de cuivre & de planches.

Vision du Contre-Maître.

Le vint-troisiéme notre Contre-maître nommé *Hillebrant*, étant descendu entre les ponts pour en tirer quelques cordages dont il avoit besoin, vit ou crut voir nager dans la Mer des personnes pales & défaites, & même quelques morts à flot. Au retour de ce lieu il parut à-demi troublé, & quand sa triste réverie fut un peu dissipée, il nous dît ce qui la causoit. Soit que sa vision fût réelle ou un pur effet de son humeur sombre, plusieurs en tirérent mauvais augure, & commencérent à se préparer à quelque chose de funeste. Pour lui, depuis ce moment-là il fut toujours triste & réveur, aulieu qu'auparavant il étoit gai & aimoit à rire. Sa mélancolie devint telle qu'il ne pouvoit souffrir ni gestes ni paroles libres; ni s'empêcher de nous exhorter à la priére pour détourner les maux dont il sembloit que l'Equipage fût menacé. Comme il y en avoit qui se moquoient de ses visions & qui en faisoient des railleries, il demandoit souvent à Dieu qu'il lui plût de faire voir à ces libertins ce qu'il avoit vu ou chose semblable; afin que cela lés fît un peu rentrer en eux-mêmes, & réprimât leur libertinage.

Le huitiéme Octobre nous fûmes à la vuë de la Côté de *Bengala*, mais nous la vîmes sans la connoître, n'y ayant pas plus d'apparence que ce fût elle que les Terres de *Rakan* qui en sont proches. Dans cette incertitude nous gouvernâmes de ce côté-là, & donnâmes fond à deux lieuës de Terre, où notre maître de Navire nomme *Jacob Jansz Stroom* natif d'Amstredam fit mettre la chaloupe en mer, & dépêcha vers les habitans le Pilote, sept ou huit matelos & le sommelier qui savoit un peu la langue du pays pour s'informer de la nature du parage, & du nom des Terres que nous voyions. Nous savions que celles de Bengala sont semées d'écueils dangéreux où plusieurs vaisseaux avoient fait naufrage ; mais nous n'avions pas les connoissances nécessaires de leur gisement, & sans cela nous ne pouvions les éviter. Depuis qu'on eut envoyé de nos gens à Terre nous les attandions d'heure à autre ; & trois jours s'écoulérent en les attandant de la sorte. Au bout de ce temps nous craignîmes qu'ils n'eussent été ou dévorés ou faits captifs ; & dans cette crainte nous levâmes l'ancre & cherchâmes un port où nous pussions nous en informer. Après avoir long-temps cherché, nous découvrîmes trois petites Barques qui venoient à nous du côté de Terre. Nous en fûmes fort réjouis, esperant que par leur moyen nous apprendrions des nouvelles de ceux que nous cherchions, & qu'ils nous aideroient à sortir de notre embaras. Ces Barques s'arrétérent à un jet de pierre de notre Bord, comme pour aviser ensemble s'ils devoient y entrer parce que c'étoit un navire de guerre. Après avoit balancé plus d'un gros quart d'heure, leur Chef que les autres nommoient *Orangkai* ou le Capitaine de leur vilage fit approcher sa Barque, & nous fit signe que les deux autres qui le suivoient étoient toutes pleines de poules, de pisang, de sorlaques, & d'autres fruits de leur terroir.

Nous lui fîmes entendre le mieux que nous pûmes qu'il n'avoit rien à craindre, & nos signes l'encouragérent. Sitôt qu'il fut dans notre Bord il fit approcher les autres Barques, & décharger leurs provisions qui nous vinrent fort apropos ; & le Maître de notre navire le fit entrer dans sa chambre où il lui fit fort bon accueuil. Comme ils commençoient à s'entretenir du pays après avoir demandé des nouvelles de nos gens, notre vaisseau toucha contre un Terrain qui mit l'alarme dans l'Equipage. L'ordre que l'on mit pour nous relever ne se pouvant faire sans bruit, l'*Orangkai* s'épouvanta, & crut

& crut que c'étoit un signal pour le maltraiter. Dans cette appréhension il ne songea qu'à s'évader & il le fit si adroitement que nul de nous ne s'en apperçut qu'après qu'il fut un peu éloigné. Il s'arrétoit de tems en tems, & nous pensions qu'il retourneroit, mais quand nous vîmes qu'il avoit oublié l'argent qu'on lui avoit conté, nous ne doutâmes plus que sa frayeur ne fût extrême; en-effet il ne revint pas, & quand notre vaisseau fut à flot, nous nous trouvâmes aussi avancés que nous étions auparavant. Dans l'extrémité où nous étions la plupart opinérent qu'il faloit attandre nos gens, & durant huit jours nous fîmes des courses autour du parage dans l'esperance de les retrouver; mais l'ayant fait inutilement nous nous mîmes au large & cherchâmes nos vaisseaux de Conserve.

Après les avoir long-temps cherchés nous allâmes heurter contre un banc d'où nous étant relevés, nous retombâmes sur un autre plus dangéreux que le prémier. Cela nous obligea de mettre notre esquif à l'eau, & de prendre la sonde tant pour savoir la profondeur du parage où nous étions, que pour connoître la nature & la qualité du fond. Fort loin aux environs nous ne trouvâmes que Basses & Batures, & partout si peu d'eau que nous ne savions par où passer. Déslors nous nous crûmes perdus, & tout l'Equipage s'affligea excepté les Pilotes, qui au plus fort du péril coururent à leurs tonneaux & burent à la santé l'un de l'autre. Cependant nous mouillâmes par l'avant & en croupiére; & comme la Mer étoit agitée & le vent forcé, nous ne pûmes empêcher qu'il ne se fît une ouverture à notre vaisseau, qui couroit risque de couler bas si nous n'eussions coupé le beaupré. Pour l'Esquif il fut abîmé, & un seul homme qui étoit dedans sauvé, avec le secours qu'on lui donna.

Ainsi nous étions sans esquif, sans chaloupe, hors de la vuë de Terre, & dans une Mer inconnuë. Ces malheurs étoient grands & suffisoient pour nous accabler, mais nous n'étions pas encore au bout, & peuaprès nous nous trouvâmes dans un état bien plus pitoyable. Comme nous songions aux moyens de reparer le desordre, un coup de vent rompit nos deux cables. Nous en jetâmes promtement deux autres, qui n'empêchant pas que le vaisseau ne heurtât contre le Banc, nous les coupâmes à coups de hache sur l'écubier & abandonnâmes les ancres. Et pour les voiles, outre que le vent avoit emporté le petit hunier, il falut mettre le vaisseau à sec,

 & les

& les avoir toutes pliées. Deplus le vent avoit si fort grossi la houle, que le navire faisoit eau par ses sabords, & il sembloit à tous momens qu'il dût se briser contre l'écueil. La consternation étoit grande, mais elle n'étoit pas générale : & tandis que la plupart songeoient à leur conscience & à prier Dieu devant lequel ils alloient paroître, les Pilotes se réjouyssoient, & chantoient le verre à la main que toute furieuse & terrible qu'étoit l'eau de la Mer, ils l'empêcheroient bien d'occuper le lieu où ils mettoient de l'eau de vie. Ainsi ces galans morguoient le péril & la mort même, qu'ils appeloient la terreur des ames communes ; & le mépris de ceux qui la connoissoient en elle-même. Tandis qu'ils buvoient d'un côté, & que nous pryons Dieu de l'autre, un coup de vent nous poussa autravers des bancs, & mit notre vaisseau à flot. Nous commencions à bien espérer quand nous nous apperçûmes qu'il faisoit eau de tous côtés. D'abord nous fîmes joüer nos pompes, mais nous ne la pûmes épuiser, quoique nous fissions par horloge plus de cinq cens bâtonnées d'eau. Peutêtre néanmoins que nous y eussions réussi si tous nos gens qui étoient au nombre de soixente & dix eussent pu s'entre-aider, mais la plupart étoient si foibles qu'apeine pouvoient-ils marcher.

Cet inconvénient fut suivi d'un autre qui acheva de nous desoler ; nul d'entre nous ne savoit la route ; & ni le maître ni les pilotes ne savoient à quoi s'arrêter. Après plusieurs contestations ils se trouvérent d'opinion contraire, ceux-ci voulant aller d'un côté & le maître d'un autre, & son opinion fut suivie. Nous n'allâmes pas loin sans connoître qu'elle étoit la meilleure ; aulieu que celle des Pilotes nous eût eloignés de la Côte. Encore que nous fussions en repos de ce côté-là, nous avions assés d'autres choses qui nous embarassoient, car nous étions gagnés de l'eau qui entroit dans le Navire, nous fûmes long-temps sans voir la Terre, & nous n'avions plus de provisions. Ajoutez que nous étions tous accablés de sommeil, de foiblesse & de lassitude. Nous étions dans cet état, lorsque celui qui faisoit sentinelle s'écria terre, terre, & qu'on n'en étoit pas bien loin. Cette bonne nouvelle donna cœur à tout l'équipage ; chacun fit de nouveaux efforts, & commença à mieux espérer de l'avenir. Cette douceur ne fut pas de longue durée, & trois ou quatre heures après nous eûmes la marée contraire qui nous empêcha d'avancer ; de-sorte que le soir nous fûmes contrains de de jeter l'ancre à trois ou quatre lieuës de terre sur un fond de quatre brasses. Ce dernier accident acheva de nous desoler, car nous ne pouvions plus pomper, & l'eau nous gagnoit à vuë d'euil. Les plus robustes néanmoins se voyant prêts d'échoüer au port firent des efforts extraordinaires, & s'encourageant les uns les autres mirent la main à l'œuvre, dans la résolution de couper le cable le lendemain pour nous approcher avec le flot le plus prés de Terre que nous pourrions. Mais apeine six horloges s'étoient écoulées dans ce travail, quon s'apperçut que d'un sceau d'eau plus de la moitié étoit du sable dont nous avions lesté, ce qui rompit toutes nos mesures.

Depuis ce fâcheux accident on ne songea plus qu'à s'abandonner à la Providence Divine; & toute ressource nous étant ôtée, les uns cédérent à la violence du sommeil, les autres y résistérent, ne pouvant se résoudre à fermer les yeux à la clarté qu'ils étoient sur le point de perdre; & quelques-uns à qui se sommeil & la mort faisoient moins de peur que la faim, demandérent à manger avec tant d'instance, que le maître ordonna de donner à chacun un peu d'eau de vie & de chair fumée. Le sommelier accoutumé à l'économie obeït avec peine; mais enfin s'y voyant forcé, il distribua si peu de l'un & de l'autre, qu'il sembloit que nous eussions encore une longue route à faire.

Cependant les veilles & les fatigues avoient tellement épuisé nos gens, que plusieurs devinrent troublés, & firent des extravagances dont on eût ri dans un autre tremps. Le cuisinier monta à la hune & en descendit fort échauffé de la peine qu'il dît avoir euë à pêcher des plongeons dont il se vantoit de faire un régal qui feroit revivre les morts. Quelques autres ne pouvoient comprendre le péril où nous étions, ne se souvenoient plus du passé, & ne parloient que du profit qu'il prétendoient faire dans leur voyage. Dés que nous eûmes cessé de pomper, la grande vergue & celle d'avant que nous avions baissées se trouvérent remplies de plongeons qui étoient fort aisés à prendre, & c'est où le cuisinier qui avoit été le prémier à s'en appercevoir, les avoit pris.

De ceux qui restoient dans leur bon sens plusieurs firent cuire un reste de féves nommées *Kitseri* qui se trouvérent au fond du coffre d'un matelot qui reposoit. On les mangea avec assés de tranquillité, quoiqu'on jugeât bien que ce seroit le dernier repas qui se feroit. Peu de temps après il entra tant d'eau par le sabord de la chambre du cuisinier, où la violence des houles avoit fait une ouverture, qu'il falut faire des trous au tillac pour la faire couler à fond de cale, & on les reboûcha avec peine avec des plaques de plom garnies d'étoupe. Après cela les plus robustes furent contraints de se reposer, n'y ayant plus moyen de vaincre l'envie qu'ils avoient de dormir. Pour moi qui jusques-là y avois pu résister, je me laissai tomber sur un coffre attaché sur le tillac, ne pouvant me résoudre de me mettre plus à mon aise dans un temps où je me croyois si proche de la mort.

Apeine avions-nous reposé une heure, que les cris de ceux qui s'apperçurent les prémiers que le vaisseau panchoit d'un côté, nous éveillérent & nous firent voir le danger où nous étions. Ce fut alors que la confusion augmenta, & que chacun trouva des forces pour se tirer de presse, ou pour chercher un lieu commode pour se mettre à nage dans la derniére extrémité. Et quand tout l'Equipage fut sur les hauts de l'arriére il se trouva trois de nos matelots à dire: & il y avoit apparance qu'ils s'étoient néyés à fond de cale où ils dormoient profondément.

Nous fûmes deux heures dans cet état, la plupart à demi morts & n'ayant plus aucune espérance quand le vaisseau se releva. Ce changement nous surprit de-sorte qu'apeine le pouvions-nous croire, & quand on en fut bien assuré, le cœur revint, & la tristesse fit place à la joie. Plusieurs coururent à leurs coffres, se vétirent de leurs beaux habits & demandérent de l'eau de vie. On ne la leur épargna pas, & ce que l'on en but produisit bientôt un plaisant effet; d'autres débitoient leurs pensées grotesques: s'imaginoient être grands Seigneurs & ne parloient que de millions. Ces visions étoient supportables au prix des excès des Pilotes qui continuoient à braver la mort & ses suites. Soit que ce fût un effet du vin ou de la mauvaise compagnie, quelques-uns de ceux qui avoient pris plus de peine à s'ajuster, allérent avec eux dans la Dunette, d'où sortant de temps en temps le verre à la main & le chapeau sur l'oreille, invitoient les autres à les imiter en chantant des chansons profanes, & peu s'en falut qu'ils ne dansassent. Il y en avoit qui étoient plus mornes, mais qui ne laissoient pas de boire, afin disoient-ils de s'assoupir, & d'être moins susceptibles de l'émotion qu'on éprouve dans ces rencontres. Ceux-là gardoient quel-

quelques meſures, mais d'autres plus brutaux ſe gorgeoient comme des cochons juſqu'à perdre le jugement, malgré les remontrances que les plus ſenſés leur faiſoient.

Cependant la mort approchoit, & l'unique reſſource étoit de faire une machine où nous puſſions nous mettre quand le vaiſſeau nous manqueroit. Le maître charpentier s'offrit d'en faire une, & avec l'aide de quelques autres il prit les vergues, les mats & autres bois ronds dont-il fit un aſſemblage qui pouvoit porter quarente hommes. Nous étions davantage,mais les libertins ſe moquérent de notre précaution, & ne voulurent pas nous aider, ſibien que faute de ſecours nous ne pûmes en faire une qui fût ni plus forte ni plus ample. La dureté de pluſieurs de nos gens fut telle, qu'ils ne vouloient pas même préter ni les haches ni les couteaux dont nous avions beſoin. Le ſous-cuiſinier fut un de ceux-là. Cet homme nommé *Guillaume Ysbrants* en avoit quantité, & bienloin d'en donner, il diſſuadoit ceux qui en avoient de s'en défaire, diſant qu'il avoit un moyen plus court & plus ſeur de ſauver ceux qui le voudroient ſuivre. Enfin malgré ce cœur endurci, & les diſciples des Pilotes qui continuoient à ſe divertir, nous vînmes à bout de notre radeau que nous attachâmes au vaiſſeau en attadant que l'on eût fait des avirons pour le conduire. Quand tout fut prêt on donna à chacun de ceux qui s'y voulurent mettre dix piéces d'argent qui étoient de miſe au Royaume de Bengala, pour s'en ſervir dans leurs beſoins lorſqu'ils ſeroient à terre. Avant que de ſe ſéparer il falut boire tout de nouveau, & l'on but ſi imprudemment, que la plupart perdirent le peu de raiſon qui leur reſtoit. Je voulus me mettre avec ceux qui ſortoient du vaiſſeau, mais un ami m'en empêcha, il me dît qu'il n'étoit pas juſte que je l'abandonnaſſe; & qu'il ne pouvoit me celer qu'il n'avoit pas bonne opinion de cette machine, ou plutôt de ceux qui la conduiſoient parce qu'ils étoient preſque tous ivres, & ſur le point de ſe quereller; joint que la machine étoit à fleur d'eau & plus chargée qu'il ne faloit. Ainſi je reſtai dans le vaiſſeau avec le maître & quelques autres dont le nombre étoit fort inférieur au nombre de ceux qui en ſortoient. Apeine ceux-ci avoient démaré, que pluſieurs d'entre eux ſe repentirent de nous avoir quités & ſe mirent à nage pour nous rejoindre; ſi-bien qu'à leur retour nous nous trouvâmes au nombre de trente deux hommes; & à ce conte il faloit qu'il y en eût quarente sur le radeau, où ils tâchérent d'appareiller la voile de la chaloupe: mais outre qu'elle étoit trop lourde le vent tomba demi-heure après, si-bien qu'ils avancérent fort peu.

Quand nous les eûmes perdu de vuë on pria Dieu pour l'hureux succès de leur entreprise, afin que suivant leur promesse les habitans nous vinssent bientôt secourir. Après, le maître du vaisseau fit apporter un sac de biscuit de Zélande & un peu de chair fumée que lon mangea avec appétit. Pendant ce temps-là nous vîmes encore nos gens fort loin, mais ce ne fut que pour un moment, & depuis on ne les vit plus; ce qui nous fit croire que le radeau avoit coulé bas par quelque accident imprévu: à quoi il y a quelque apparence puisqu'on n'a jamais pu savoir ce qu'ils étoient devenus. Les fortes conjectures que nous avions de leur perte ayant ruiné notre espérance (car nous faisions fond sur les bons offices qu'ils avoient promis de nous rendre quand ils seroient à Terre) nous songeâmes à faire un autre radeau; & quand il fut achevé, nous trouvâmes qu'il n'étoit propre que pour dix ou douze hommes. C'est-pourquoi nous prîmes d'autres mesures, & commençames par faire sauter la hune du grand mât que l'on avoit déja coupé, & dépouillé de tous ses agreils. Ensuite il nous faloit la vergue, mais comme elle étoit fort avant dans l'eau, embarassée de sa voile & de ses cordages, nous ne la pouvions dégager. Après avoir cru la chose impossible, l'Ami dont j'ai parlé tantôt nommé Guillaume ou Willem Bastians, se fit noüer une corde autour du corps, sauta dans la Mer, & alla couper tous ces embarras qui nous empêchoient d'achever ce que nous avions commencé. Cependant la nuit & les houles nous incommodoient également; l'une par son obscurité, & les autres par leur violence: ainsi nous étions à tous momens sur le point de périr.

Comme la plupart étoient occupés à couper le mât d'avant qui étoit le seul qui fût debout, six de nos gens complotérent de s'évader sécrettement sur le radeau qu'on venoit de faire; & sans se soucier de ce qui pourroit arriver aux autres, ils se mirent en devoir d'exécuter leur lâche dessein. Ils avoient même déja coupé les deux cordes où il étoit attaché, & commençoient à s'éloigner du vaisseau, lorsque le mât que l'on coupoit tomba dans la Mer devant le radeau, & par sa chute le fit retourner auprès du du Bord. Sans cela il eſt infaillible que nous euſſions péri cette nuit, car le mauvais temps augmentoit; les ſecouſſes étoient violentes, & le vaiſſeau ne les pouvoit plus ſoutenir. Nous nous hâtâmes donc d'ajouter à notre radeau le mât qui venoit de tomber, ce qui le rendit propre à porter vint hommes & nous étions trente deux. Sur le Minuit la marée étoit à-demi retirée; nous euſſions bien voulu pouvoir attandre le vif de l'eau, & le retour de la clarté pour nous mettre ſur le radeau, mais le danger étoit trop preſſant, & nous ne le pouvions ſans courir riſque de la vie.

On ſongea donc ſérieuſement à ſortir du vaiſſeau, & l'on commença par diſtribuer quelque argent à ceux qui en voulurent alors, car pluſieurs ne l'acceptérent qu'en deſcendant ſur le radeau, où nous ne portâmes que tres-peu de vivres, deux compas de Mer; deux coutelas, une épée, une hache d'armes, quelques rames faites à la hâte, une lanterne, & quelques livres de chandelles pour achever de paſſer la nuit.

Avec ce peu de précaution nous abandonnâmes le vaiſſeau, & nous mîmes ſur le radeau, où chacun la rame à la main nous tâchames d'approcher de Terre. Je ne puis exprimer combien nous ſouffrîmes dés que nous y fûmes; mais il eſt aiſé de s'imaginer qu'étant dans l'eau juſqu'à la ceinture par un temps extrémement froid, & dans une nuit fort obſcure, nous devions être fort incommodés. Lorſque le jour parut nous eûmes la marée contraire, & n'ayant rien à lui oppoſer elle nous entraîna ſi loin que nous ne vîmes plus la Terre. Une heure aprés nous l'apperçûmes; & uſâmes de toutes nos forces pour la joindre, mais les Courans qui étoient rapides rendoient nos efforts inutiles, & cela penſa nous décourager. Cet accident fut ſuivi d'un autre; la plupart tombérent en délire, & donnérent beaucoup de peine à ceux qui purent réſiſter à tant de fatigues. Les uns vouloient aller à leurs coffres & les demandoient opiniâtrément pour en tirer du linge. D'autres cherchoient la cuiſine pour ſe chauffer. Mais un des plus fâcheux fut *Guillaume Baſtians* mon ami, qui s'imaginant comme les autres être encore dans le vaiſſeau demanda où nous le menions; & ramant toutacoup de l'autre côté & tout au contraire des autres : *Hé laiſſez-moi faire dit-il, je vous menerai où il faut, je voi la Tour de Hellevoutſluys, bon courage nous y voilà. Le fou* dit un autre, *il voit une Tour? oui nous y ſommes comme j'ai le dos. C'eſt une Egliſe* dit le Charpentier, *la belle piéce & la riche voûte!*

voûte! ce n'est partout qu'or & azur : que les étoiles en sont brillantes! D'où viennent ces fous dît un quatriéme? *& qu'elle extravagance à eux de prendre les mâts d'un navire pour une Tour & pour une Eglise? Ces pauvres gens ont le cerveau creux.* Je ri quelque temps de ces folies, & peu aprés j'y tombai comme eux. *Hé bon Dieu* m'écriai-je, *on se divertit au Château d'avant, & je n'irai pas avec eux.* Le maître auprés de qui

qui j'étois voulut me retenir : je me dégageai bruſquement, je courus de toute ma force, & n'allai pas loin ſans tomber dans l'eau. On m'en retira promtement, mais ni le froid ni l'appréhenſion ne me firent revenir l'eſprit. Je me ſentois néanmoins pénétré du froid, & voulois que le maître ôtât ſes habits pour me les donner; comme le mal continuoit je pris un tonneau pour la cuiſine & m'allai aſſeoir auprès pour me ſeicher & pour me chauffer. Ce feu imaginaire me fit peutêtre autant de bien que s'il eût été réel, car j'y ſentis autant de plaiſir, je m'y endormi fort doucement, & je trouvai à mon réveil que la raiſon m'étoit revenuë.

Cependant les Courans nous avoient pouſſé ſi loin que nous perdîmes toute eſpérance : nous priâmes Dieu de tout notre cœur d'abréger nos miſéres, ou de nous inſpirer les moyens de les éviter. Quelque temps après nous crûmes voir Terre, & l'on s'écria que ce pouvoit être un effet de nos priéres, & qu'il faloit donc les continuer, puiſque ſi le peu que nous avions fait nous en avoit procuré la vuë, infailliblement la continuation nous en feroit approcher. On prie donc, on chante, & l'on croit voir une prairie où des vaches paiſſent. Je ne puis exprimer la joie que nous donna cette viſion; car c'en étoit une & des plus groſſiéres de prendre un banc de ſable où la Mer briſoit avec violence pour une prairie & du bétail. Cette triſte mépriſe nous fit retomber dans le chagrin; & ce qui l'augmenta, ce fut de voir que notre machine qui commençoit à s'enfoncer ne nous porteroit pas bien loin. Les plus déterminés de la Troupe voyant que le péril croiſſoit, réſolurent pour la décharger de pouſſer la nuit dans la Mer le plus qu'ils pourroient de leurs compagnons. Le Ciel ne permit pas qu'ils éxécutaſſent leur cruel deſſein, & avant qu'ils le puſſent, le maître Charpentier s'aviſa qu'on avoit quantité d'argent qui peſoit beaucoup, & dont on pouvoit faire une ancre ou un contrepoids qui ſeroit doublement utile. Car outre que la machine n'en ſeroit pas plus occupée, ce contrepoids nous pourroit ſervir quand nous aurions la marée contraire. On ſuivit ſon avis, & chacun donna ſans répugnance ce qu'il avoit d'argent. On mit le tout dans un haut de chauſſes qu'on lia avec une corde, puis dans un autre qu'on ſerra demême; on mit le ſecond dans un troiſiéme, & celui-ci dans un quatriéme que nous laiſſions tomber à fond au bout d'une corde quand nous voulions nous arrêter. Nous fîmes un autre petit paquet

Ancre d'argent d'un hureux ſuccés.

quet de cet argent, & nous en servîmes au lieu de sonde pour reconnoître de quel côté nous jetoient les Courans. L'un & l'autre nous fut si utile, que peu de temps aprés nous nous trouvâmes assés prés de Terre pour ne craindre plus de la perdre.

Sur les deux heures aprés Midi on défit l'ancre pour rendre à chacun ce qu'il avoit donné, & tous le prirent sans le conter, tant

tant la joie de se voir hors de péril les occupoit. Ainsi plusieurs qui y avoient le plus contribué se contentérent de tres-peu de chose ; & ceux qui avoient donné le moins se trouvérent les mieux partagés. Il y eut même tant d'indifférence à cet égard qu'il y eut de l'argent de reste dont nul ne voulut s'approprier ; c'est-pourquoi on le distribua à ceux qui n'en avoient point, étant fort assurés que de toutes les espéces que nous avions apportées, il n'y en avoit pas une qui n'eût cours dans le Royaume de Bengala. Aprés cette distribution il s'en trouva encore un sac dans un tonneau où il y avoit eu du biscuit qu'on ne daigna pas regarder ; & on l'eût laissé où il étoit, si notre maître de navire n'eût pris le soin de s'en charger.

Nous allâmes ensuite si près du rivage, que nous crûmes voir des pêcheurs qui étendoient leurs filets, & qui sembloient fort occupés à les faire sécher au Soleil. A mesure que nous approchions nous vîmes d'autres hommes qui nous parurent vétus comme nous, & que nous prîmes pour l'autre moitié de notre Equipage. Ils avoient tous les mêmes habits, les mêmes chapeaux, les mêmes bonnets ; excepté quelques-uns qui n'étoient couverts que de toile à voile ; & quelques autres qui ne l'étoient que depuis la ceinture enbas. Ce fut ainsi qu'ils nous parurent avec des lunettes de longue-vuë, & tous ceux qui s'en servirent, crurent voir fort-distinctement ce qu'ils n'avoient vu qu'imparfaitement sans cela. La marée qui nous entraînoit ne nous porta pas de ce côté-là, & ne nous fit pas approcher de Terre aussitôt que nous souhaitions. Cette lenteur nous fit craindre que le succès ne fût pas encore bien certain ; & il y en eut un assés impatient pour vouloir tenter d'aller à nage vers le rivage, il le tenta en-effet, mais a peine fut-il dans l'eau qu'il se repentit de son entreprise & revint sur ses pas, soit que la frayeur l'eût saisi, ou qu'il se crût trop foible pour l'exécuter. Cependant on se souvint que les habitans de Bengala avoient une extrême aversion pour la chair de pourceau, & nous en avions encore de reste ; c'est-pourquoi nous convînmes de la jeter dans la Mer. Mais ce qui nous fit mal au cœur, ce fut de voir que l'on se défaisoit aussi d'un baril de biscuits qu'on pouvoit garder sans conséquence, & distribuer entre ceux qui étoient presque morts de faim, de fatigues, & de miséres. Plusieurs s'y opposérent, mais la plupart y consentirent par la raison qu'on alloit à Terre où l'on n'en auroit plus besoin.

Ainsi nous gagnâmes le rivage & sortîmes de la machine que nous abandonnâmes aux Courans. Dés que nous fûmes à Terre, le Maître du navire & dix ou douze autres des moins incommodés coururent à la découverte; les autres les suivoient de loin, & les priérent de se hâter de leur trouver un lieu commode pour se sécher, etant également pressés du froid & de la faim. En marchant nous nous entretînmes des maux que nous avions soufferts, & du bonheur que nous avions d'être sortis d'un si méchant pas. Nous en parlions avec autant de sécurité, que si nous eussions vu les habitans du lieu s'empresser à nous bien recevoir. Les uns disoient que ceux que nous avions vu en Mer, tant les Hollandois que les Mores ne pouvoient pas être loin delà. Les autres disoient que ces Mores étant à la pêche pour leurs maîtres, avoient fait rencontre de nos gens qu'ils avoient conduits dans leurs hutes, & que nous les pourrions trouver dans un bocage que nous voyions. En parlant de la sorte nous allions gayement à ce bocage où nous ne doutions pas que les habitans ne nous reçussent comme nous souhaitions : Mais notre opinion étoit mal fondée; en arrivant à ce bocage nous n'y trouvâmes ni hommes ni bêtes, ni voies, ni sentiers qui y conduisissent, ni la moindre marque qu'il eût jamais été habité. Quelques-uns des plus fatigués ayant fait fond sur le secours qu'ils pensoient trouver dans ce bocage, ne pouvoient croire ce qu'ils voyoient; & criant de toute leur force, s'imaginoient qu'on dût leur répondre, mais ils s'égosillérent en-vain, on ne leur fit point de réponse; & il falut continuer la marche par un bois sombre, épais, & peutêtre rempli de bêtes dont nous pouvions être la proie. Cette pensée jointe au mal présent, & aux fatigues précédentes acheva de nous accabler. Comme nous avancions le cœur serré, plein d'amertume, & nous demandant les uns aux autres ce que pouvoient être devenus le maître & ceux qui l'accompagnoient, nous les trouvâmes fort profondément endormis; & le besoin que nous avions d'en faire autant, nous obligea de les imiter.

A notre réveil nous nous entretînmens des Mores & des Hollandois que nous pensions avoir vus proche du rivage; & ne les trouvant point où apparemment ils devoient être, nous ne doutâmes plus que cette vuë qui nous avoit paru si distincte, ne fût une vision. Le jour étant fort avancé nous résolûmes de passer la nuit.

nuit où nous étions, & nous employâmes quelques heures à faire provision de bois, dont nous fîmes trois piles en triangle, où nous mîmes le feu avec la chandelle que nous avions laissé bruler dans la lanterne. Proche de chaque feu on posa une sentinelle pour nous assurer contre les surprises des bêtes, & par ce moyen nous nous chaufâmes plus tranquillement que nous n'eussions fait.

Les nuits étoient si froides & nous étions si mal vétus que nous ne pûmes reposer; & quand nous l'eussions pu, notre Lecteur étoit si troublé qu'il nous eût tous mis en desordre. Quoique nous pussions dire pour le remettre en son bon sens, il étoit toujours en furie; & demandant d'où diable venoit ce changement à Batavia, & comment il se pouvoit faire que l'on y fût si mal servi, il jetoit aux uns ses pantoufles, aux autres son bonnet, & menaçoit d'exterminer ces canailles d'esclaves qui faisoient si mal leur devoir.

Ainsi nous passâmes tristement la nuit & dés le point du jour nous songeâmes à décamper pour chercher un gîte plus commode que n'étoit celui-là. Un des derniers à se réveiller fut notre Chirurgien, qui en se levant brusquement cria comme un desespéré qu'on lui avoit volé son argent, & qu'il faloit qu'on le lui rendît. Les cris qu'il fit ébranlérent le pauvre Lecteur, qui le prenant pour un esclave révolté, cria au meurtre & au secours contre cette race maudite. Le Chirurgien qui ne savoit pas que cet homme eût perdu l'esprit (car il avoit dormi avec assés de tranquillité) prit ce qu'il disoit au pié de la lettre, & étoit prêt à s'emporter, lors qu'on lui fit voir la folie de l'autre. Hé bien, répliqua-t-il, s'il est fou je ne le suis pas, & il n'est que trop vrai que de six sacs d'argent que j'avois, on m'en a pris trois cette nuit, n'est-il pas juste qu'on me les rende? D'abord nous le crûmes aussi fou que l'autre, mais dans la suite on le reconnut plus sensé & soit que sa perte fût réelle ou imaginaire, il s'obstina à demander satisfaction, à quoi l'on ne répondit rien, & sans l'écouter davantage nous quitâmes ce lieu où le pauvre Lecteur qui n'eut pas l'esprit de nous suivre, demeura seul, nul n'ayant voulu s'en charger.

Nous marchâmes donc vers le rivage, dans l'espérance d'y trouver ou des pêcheurs ou d'autres gens capables de nous redresser.

Le prémier objet qui se rencontra fut une grande tortuë sans tête, & peu-après nous trouvâmes un busle étendu par terre, dont la tête étoit à-demi pourrie & rongée des vers. Quantité d'animaux que les habitans nomment *Leganés* étoient autour de cette bête, dont l'odeur étoit si mauvaise que nous ne pûmes en approcher. Mais nous n'eûmes les jours suivans ni la même aversion, ni ni la même d'élicateſſe ; & la faim nous preſſa de-ſorte, que l'odeur ne nous empêcha pas de la manger juſques au cuir.

A un grand quart de lieuës delà nous nous trouvâmes près d'une riviére, audelà de laquelle nous vîmes huit Mores arrêtés que nous prîmes pour des Bengalois. Nous fîmes déslors ce que nous pûmes pour la paſſer, mais ſa trop grande profondeur rendit nos efforts inutiles. Une heure après elle nous parut plus guéable, & nous la paſſâmes en-effet avec autant de joie que ſi nous euſſions été certains d'un hureux ſuccès. Quand nous fûmes de l'autre côté ces Mores coururent audevant de nous, ſe jetérent à nos piés, les baiſérent, & demeurérent long-temps à genoux, levant les yeux au Ciel en parlant, comme pour le prendre à témoin de leur innocence & de l'injuſtice qu'on leur faiſoit. Ces gens qui étoient au nombre de huit, aſſavoir quatre hommes, deux femmes, & deux enfans, nous paroiſſoient fort affligés, mais nous ne les entendions point: & tout ce que nous pûmes faire en voyant floter certaine machine qui les avoit portés juſques-là, fut de comprendre que c'étoient de malhureux eſclaves, que la dureté de leurs maîtres avoient obligés de s'enfuir.

Ces pauvres gens n'étant donc pas ce qu'il nous faloit, nous repaſſâmes de l'autre côté de la riviére, où après avoir fait bon feu, nous allâmes chercher la Tortuë que nous avions négligée & la fîmes cuire dans ſon écaille. Chacun enſuite en prit un morceau qui ne pouvoit pas être grand [car nous étions trente & une bouche] & le mangea de bon appétit, ou pour mieux dire le dévora. Et comme la faim nous preſſoit encore, nous regretâmes les proviſions que nous avions jetées dans la Mer, & nous nous dîmes les uns aux autres que nous étions juſtement punis de la folie que nous avions faite. Ces lamentations furent ſuivies d'un morne ſilence, & enfin de la priére, après laquelle on s'accommoda le mieux qu'on put pour repoſer.

Le lendemain le maître avant que de marcher donna à chacun une tranche d'un fromage de trois livres qu'il avoit apporté du vaiſſeau; & par l'ordonnance du Chirurgien qui étoit auſſi notre Médecin, nous bûmes là-deſſus une taſſe d'eau à-demi ſalée, & nous en trouvâmes fort bien.

Après une marche de cinq ou ſix heures nous nous trouvâmes au bout d'une pointe de terre, qui nous fit connoître que ce lieu étoit une

une Ile, & qu'elle pouvoit être éloignée de la Terre ferme de huit ou neuf lieuës. Ces conjectures achevérent de nous troubler; & nous commençâmes à nous résoudre à mourir de faim & de misére dans un lieu stérile & desert. Nous ne voyions partout que des arbres les uns secs & les autres verds qui n'étoient chargés que de feuilles, triste & amére nourriture, dont néanmoins nous jugions qu'il faudroit nous contenter.

Nous nous arrétâmes sur cette pointe autant de temps qu'il en faloit pour nous déterminer; & nous convînmes que le plus seur étoit de retourner au lieu où nous avions passé la prémiére nuit dans cette Ile. En y allant nous passâmes proche de l'endroit où nous avions mangé la tortuë, dans l'espérance d'y trouver de ces *Léganés* dont nous avions parlé. Depeur de les effaroucher deux de nos gens armés d'une hache & d'un coutelas marchérent les prémiers & nous les suivîmes de loin. Ils revinrent bientôt après avec un de ces animaux que nous portâmes au lieu où nous avions résolu d'aller. Comme on y avoit laissé le Lecteur, on le chercha, on l'appela & tout cela ne servit de rien, car il ne parut ni ne répondit.

Nous cherchâmes ensuite un lieu commode pour y fixer notre demeure tandis que nous serions dans cette Ile; & nous jugeâmes qu'il valoit mieux que ce fût proche du rivage que vers le milieu du Bois, où nous serions tres-mal postés pour découvrir les bâtimens qui pourroient passer, la seule & unique espérance que nous eussions de sortir de ce triste lieu.

Ensuite on amassa du bois, on fit du feu, & l'on coupa le Leganés avec sa peau en autant de portions que nous étions d'hommes. Chacun prit la sienne & la fit cuire à sa fantaisie; les plus affamés presque point, depeur que le feu ne la diminuât, & les autres un peu davantage par la même raison, n'étant déja que trop petite à leur gré, acause que cet animal n'est que de la grandeur d'un chat. La chair en est fade & desagréable, mais la grande faim la fit trouver bonne, aussi bien que l'eau toute amére & salée qu'elle étoit. Demi-heure après on prit la Bible, car nous en avions encore deux, & le Pilote fit la priére; puis tour à tour on dormit auprès du feu, tous ne pouvant pas y être ensemble.

Le lendemain nous commençâmes la journée par prier Dieu qu'il lui plût nous regarder d'un euil de compassion, & finir des mi-

miſéres qui nous ſembloient déja audeſſus des forces humaines; puis chacun alla où il voulut. Le Chirurgien s'aviſa en ſe promenant de goûter aux feuilles des arbres. Il en mangea, il les trouva bonnes, & à ſon exemple tous les autres en voulurent goûter. D'abord on les mâcha long-tems avant que de les avaler; mais peu-après on les trouva bonnes, puis excellentes & ſi délicates que

Les voyageurs ſe nouriſſent de feuilles d'arbres.

nous n'avions jamais éprouvé que le meilleur pain fût si bon.

Quoique les feuilles nous semblassent un mets fort délicieux, nous n'y étions pas si-fort attachés que nous eussions renoncé aux autres: & si des sangliers, des cers & des buffles qui se promenoient dans le Bois, & qui se veautroient dans les marais, avoient voulu se laisser prendre, car nous n'avions point d'armes à feu pour les arrêter, je ne doute pas qu'on n'y eût goûté & même avec plaisir, mais ces animaux avoient bonnes jambes, & couroient plus vîte que nous. Un jour en marchant le long du rivage, nous apperçûmes deux gros serpens qui nous firent peur. Nous nous en éloignâmes un peu, mais comme la faim nous pressoit, & jugeant que nous pouvions en faire un bon repas, nous nous assemblâmes autour d'eux chacun un bâton à la main, & en vînmes bientôt à bout. On leur coupa la tête & la queuë, & après les avoir écorchés, vuidés & lavés, on en fit des portions égales qui furent mangées avec plaisir, & nul n'en fut incommodé.

Festin de serpens.

A la fin de chaque repas nous retombions dans la même peine, & allions par petites bandes les uns d'un côté les autres de l'autre, d'où la plupart revenant souvent les mains vuides, se jetoient sur les feuilles d'arbres qu'ils mangeoient avec appétit, mais qu'ils ne trouvoient pas capables de les nourrir suffisamment. Nous allâmes mon ami & moi plusieursfois sur le rivage pour voir si la Mer n'auroit point jeté quelque chose à bord qui pût nous servir de nourriture; mais toujours inutilement. Et un jour entre autres que la faim nous pressoit plus que de coutume, nous rejoignîmes nos Compagnons avec tant d'amertume que je ne la puis exprimer. Elle se dissipa peuapeu à la vuë de certaines féves que les autres avoient trouvées. Jamais rien ne fut mangé de meilleur appétit ni trouvé d'un goût plus exquis. La gaieté nous revint ensuite, & après avoir fumé une pipe ou deux de feuilles d'arbres en guise de tabac, nous nous exhortâmes les uns les autres à nous reposer sur la providence divine. Le joie d'avoir fait un si bon repas ne fut pas de durée; & une heure après que nous les eûmes dans l'estomac, nous sentîmes des douleurs si vives que nous les jugeâmes mortelles. Notre plus grande peine étoit la difficulté de respirer, & il sembloit à chaque moment que nous dussions rendre le dernier soupir. Après avoir souffert trois heures, la respiration devint

Ils mangent des féves dont ils se trouvent extrémement mal.

devint plus libre, & nous commençâmes à nous relever, mais nous étions si foibles, qu'apeine pouvions-nous marcher.

Depuis ce moment-là nos forces ne revinrent plus; & soit que ce fût un effet de ces méchantes féves, ou du peu de nourriture que nous prenions depuis si long-temps, nous n'avions pas la force de porter du bois pour nous chauffer. Cette incommodité fut suivie de quelque dégoût pour les feuilles que nous avions trouvées si bonnes, & nous n'en pouvions plus manger qu'avec quelque sorte de répugnance, parcequ'après les avoir mangées, nous sentions dans la bouche une odeur forte comme de punaises qui nous étoit insupportable. Aulieu de ces feuilles j'essayai souvent de manger de l'herbe, mais je la trouvai encore pire, & il me fut impossible d'en avaler.

Nos forces diminuant toujours, & ne voyant nulle apparence de sortir de ce méchant lieu, on tint conseil, & l'on convint qu'il faloit faire un radeau pour aller dans une autre Terre; & l'on coupa de petits arbres qui étoient le long du rivage, & ausquels on ôta l'écorce, dont on se servit pour les assembler. Ce radeau ne se trouva propre que pour porter cinq hommes au-plus, & chacun vouloit être de ce nombre: car quoique l'ordre de ces cinq hommes fût de se hâter de revenir au secours des autres avec des rafraîchissemens; ce devoit être un avantage pour ceux-là, qui avant que de revenir prendroient apparemment le temps de se rafraîchir les prémiers. Pour nous mettre d'accord on s'en rapporta à l'avis du maître qui les nomma comme il lui plut, & qui leur conseilla de côtoyer l'Ile jusqu'à ce qu'ils fussent à la pointe où nous avions été; & que delà ils commençassent à faire la traversée; qu'en se laissant conduire au flot, il les pousseroit vers deux Iles, audessus desquelles ils trouveroient la Terre ferme, qu'il jugeoit ne pouvoir être éloignée de celle d'où ils partoient que de quelque huit ou neuf lieuës. Outre ces instructions il leur donna un Compas de route: Et après avoir pris des feuilles d'arbres pour se nourir, ils partirent le tréziéme jour de notre arrivée en cette Ile & protestérent que si le Ciel faisoit réussir leur dessein, ils seroient bientôt de retour avec les choses nécessaires pour nous tirer de ce labyrinte. Ils avoient chacun une rame, mais nulle ancre ni autre chose qui pût arrêter la machine quand ils auroient la marée contraire. Ils partoient néanmoins pleins d'espérance d'un hureux succès, que nous leur

Cinq des Voyageurs envoyés vers la Terre ferme.

leur souhaitâmes en les priant de se hâter de venir à notre secours.

Dés qu'ils furent partis nous nous enfonçâmes dans le Bois ; où ayant cherché inutilement dequoi nous nourrir, nous fûmes contrains de nous contenter de nos feuilles d'arbres que l'on ne pouvoit presque plus avaler seules, & sans quelque autre chose qui adoucît une partie de leur amertume. Ainsi la faim nous pressa desorte que nous crûmes ne pouvoir mieux faire que de chercher le corps du Lecteur que nous croyions mort infailliblement, & nous eûmes un chagrin sensible de l'avoir cherché en-vain ; car après avoir mangé deux serpens impunément & sans en avoir été malades, nous ne pouvions croire que la chair humaine nous pût incommoder.

Ceux qui restent dans l'Ile proposent de tuer un des garçon de l'Equipage pour le manger.

L'envie de manger quelque chose plus solide que des feuilles d'arbres continuant de nous presser, il fut proposé de tuer un des garçons de l'Equipage ; mais grace à Dieu on n'insista pas, & ce fut un bonheur pour tous les autres, car si l'on avoit commencé il est certain qu'on eût continué à proposer la même chose, & même qu'on se fût tué ou par surprise ou par violence. Quoique la chose n'eût pas réussi, nous ne laissâmes pas de nous défier les uns des autres, & depuis ce temps-là on ne dormit plus qu'en tremblant, chacun ayant peur que les autres ne conspirassent contre lui, & ne prissent pour l'égorger le temps de son repos.

Sur le soir nous apprîmes que deux de nos gens qui avoient suivi par terre ceux qui étoient partis le matin par eau, les avoient joints le soir à la pointe, où ils avoient demandé avec tant d'instances qu'on les prît, que l'on n'avoit pu s'en défendre ; mais qu'auparavant l'on avoit joint à leur radeau quelques arbres.

Sur ces entrefaites quelqu'un vint dire qu'il venoit de voir un serpent d'une grandeur & d'une grosseur prodigieuse : qu'il n'avoit osé l'attaquer tout seul, mais qu'étant tous ensemble, il seroit aisé de l'assommer. D'abord chacun prit un bâton, & courut au lieu où il devoit être avec une joie incroyable. Nous tuâmes chemin faisant un léganés qui tomba d'un arbre à nos piés, & ravis d'avoir déja dequoi mêler avec nos feuilles, nous poursuivîmes notre route. Mais par malheur le serpent étoit disparu ; & nous eûmes le déplaisir de le chercher long-temps en-vain. Comme la perte fut sensible, il faloit pour nous consoler une bonne avanture, & nous n'en n'en voulions point de meilleure que la rencontre du cadavre de notre Lecteur. On le chercha avec autant d'empreſſement qu'on avoit cherché le ſerpent; mais tous nos ſoins & nos ſouhaits étant inutiles, on partagea le léganés, dont les portions étoient ſi petites que ſans le ſecours des feuilles d'arbres dont on mangea beaucoup, nous n'euſſions pu dormir la nuit. Depuis ce repas on fut long-temps ſans rien trouver; & notre foibleſſe étoit extrême, quand le Charpentier apporta plein ſon bonnet de limaçons. Ces petits inſectes n'avoient ni cornes ni coquilles, & nous les prîmes pour des limaçons, faute d'avoir un nom plus propre à leur donner. Mais ſans nous informer du nom, ni ſi c'étoit un aliment qui nous fût propre, nous nous fîmes mener au lieu où le Charpentier les avoit trouvés, & le dépeuplâmes de-ſorte qu'il n'en reſta pas un. Lorſque nous fûmes de retour nous les jetâmes en divers endroits qui nous parurent un moment après d'un bleu céleſte : ce qui nous fit croire que ces inſectes étoient pleins de venin, & qu'il n'étoit pas ſeur d'en uſer. Ce fut l'opinion de quelques-uns, mais la plupart raiſonnérent tout autrement, & dirent que beaucoup de bêtes paſſoient pour venimeuſes qui ne l'étoient qu'en idée. Témoins les ſerpens dont on diſoit que le venin étoit ſi ſubtil & ſi dangéreux, & qui néanmoins ne leur avoient point fait de mal. Qu'après cette épreuve qui leur avoit ſi bien réuſſi, ils pouvoient ſans riſque en faire une autre; & qu'au reſte s'ils en avoient, le feu le pourroit diſſiper.

Ce raiſonnement l'emporta, nous convînmes tous d'en manger, & pour les cuire nous fîmes un grand feu, ſous les cendres duquel nous les mîmes; & quand ils furent cuits, on les mangea, on les trouva bons; & pour achever le régal, on but de l'eau à-demi ſalée, puis on ſongea à ſe repoſer. Une heure ou deux après, le Charpentier commença à ſe trouver mal, & tomba enfin en défaillance. Dés que nous le vîmes en cet état, nous nous crûmes prêts d'y tomber, & cependant nous nous entretînmes de toutes les ſortes de contrepoiſons dont nous avions entendu parler. Tous ces diſcours furent inutiles, & l'on ne dît rien qui fût aiſé à éxécuter, ainſi nous réſolûmes d'attandre patiemment l'effet de ce fatal repas.

Demi-heure après nous tombâmes comme le Charpentier, & nous eûmes les mêmes ſymptômes. Durant deux heures nous ſentîmes

tîmes dans les entrailles des douleurs aiguës, mais la plus grande étoit la difficulté de respirer, & nous étions si oppressés, que nul n'espéroit en guérir. Peu à peu néanmoins les plus grandes douleurs cessérent, mais la foiblesse continua; & dés que nous pûmes marcher la faim nous pressant comme de coutume, nous allâmes nous gorger de feuilles. Depuis que nous en usions nous ne savions ce que c'étoit que d'avoir le ventre libre, & pas un même n'avoit satisfait aux nécessités de la digestion. Nous ne laissions pas d'avoir des trenchées qui nous desespéroient; & quand nous les avions, ce qui arrivoit fort souvent, il n'y avoit point de tourmens que nous n'aimassions mieux souffrir. Après avoir fait inutilement ce que nous pûmes pour nous soulager, nous nous abandonnâmes à la divine providence, à qui sans cesse nous recommandions nos besoins.

Notre misére augmentant toujours, & sentant diminuer nos forces, nous nous assemblâmes pour conférer des moyens d'en sortir. Après que chacun eut dit sa pensée, il fut arrêté qu'à-moins que de faire une machine qui pût nous porter de l'autre côté, il faloit se résoudre à périr où nous étions. Tous opinoient que ce moyen étoit l'unique qui nous restât, particuliérement depuis que nous n'espérions plus le retour de nos Compagnons. Ceux qui les avoient observés assuroient que dés leur départ ils devoient avoir fait naufrage; qu'ils n'avoient pu surmonter la force des Courans, & qu'ils devoient être si loin de la Côte, qu'ils mourroient de faim infailliblement avant que d'en approcher. C'est sur cette opinion que l'on fondoit l'envie de faire un autre radeau; mais l'entreprise étoit difficile, & quand nous eûmes consulté nos forces, nous nous en trouvâmes incapables. Ainsi nous jugeâmes qu'il faloit céder à la nécessité, & avoir encore patience quelque temps, puisqu'aussi-bien le reméde dont on parloit n'étoit pas des plus assurés.

Après que chacun eut dit son avis, le maître du Navire dît que les feux de nuit se voyoient de loin, & qu'il jugeoit fort apropos qu'on en fît un grand sur le rivage, d'où il se faisoit fort qu'on le verroit de dix ou douze lieuës. On choisit pour cela un lieu entourré d'arbres secs qu'on entassa les uns sur les autres, & dont on fit un feu, qui selon notre supputation se pouvoit voir de plus de dix lieuës. Nous en fîmes durant quatre jours avec assés d'ardeur; mais au bout

bout de ce temps notre zéle ſe ralentit, ou plutôt les forces nous manquérent, & nul d'entre nous n'en eut plus pour un travail ſi rude. Le maître du Navire qui étoit grand, robuſte & fort ſain, écouta nos plaintes d'un ſang froid, mais il n'y eut aucun égard; & meſurant nos forces aux ſiennes, il voulut qu'on lui aidât à continuer ces feux, parconſéquent à porter du bois; & nous lui obeïmes avec une peine incroyable. Pour nous encourager il alléguoit pluſieurs exemples qui avoient réuſſi en d'auſſi fâcheuſes rencontres que celle où nous étions; qu'il faloit donc faire quelque effort pour tenter le même ſuccès, d'autant plus que nous n'avions point de reſſource plus aſſurée. On prit donc courage, on porta du bois, & l'on fit encore les jours ſuivans de ces grands feux; mais enfin les forces & le courage manquérent tout d'un coup; & quoiqu'il pût dire on ceſſa de travailler à un ouvrage dont on ne voyoit point l'effet qu'on s'en étoit promis.

Depuis ce temps-là on n'entendit plus que des plaintes & des regrets; la langueur étoit générale; & pluſieurs même ne pouvoient marcher ſans ſecours. Mon ami étoit de ce nombre; il étoit ſi foible & ſi abatu qu'il ne pouvoit ni parler ni lever la tête. Il y avoit entre nous deux une liaiſon ſi étroite, que j'endurois ſes maux & les miens, & j'étois doublement à plaindre, de voir souffrir un ami ſincére, & de ne pouvoir le tirer de peine. Dans ſes grands intervales d'abatement & de langueur je demeurois auprès de lui, & ſi je ne pouvois rien faire qui le pût ſoulager, je diſois pour le conſoler tout ce que je ſavois; & il m'avoüoit quelquefois que mes diſcours le fortifioient.

Un jour après nous être entretenus quelques heures du malheureux état où nous gémiſſions depuis tant de temps, il ſe leva gaiement & dît qu'il alloit à la chaſſe, d'où il eſpéroit ne revenir pas les mains vuides. Son eſpérance ne fut pas vaine, il apporta un crapaut de grandeur énorme que nous fîmes bouillir dans un pot que nous avoient prété les Négres dont nous avons parlé Quand il fut cuit il m'invita à ſon feſtin, & je le remerciai d'abord acauſe du mal que nous avoient fait les féves & les limaçons; mais quand je vis que ces réfléxions ne l'épouventoient point, je crus le pouvoir imiter, & de concert nous allâmes querir des feuilles avec leſquelles nous le mangeâmes. La prémiére heure ſe paſſa enſuite avec quelque ſorte d'appréhenſion; mais enfin le *Feſtin de crapaut.*

cra-

crapaut ne nous fit pas plus de mal que les ferpens, & ce fut pour nous une joie extrême, dans l'efpérance de retrouver des uns ou des autres dont nous pourrions faire de bons repas.

Le lendemain le Charpentier fe mit en tête de trouver le corps du Lecteur; & il chercha fi exactement qu'il vit dans un arbre une des pantoufles du défunt. Il l'abatit avec fon chapeau, & en nous la montrant d'un air gai, *bon courage* dît-il, enfans nous le tenons ou peu s'en faut & apparemment il n'eft pas loin du lieu où j'ai pris ce que vous voyez. A cette nouvelle nous accourûmes, & un quart de lieuë alentour il n'y eut point de petit coin où il ne fut cherché; mais nous ne fûmes pas plus hureux cette fois que les autres; après avoir cherché quelques heures avec une ardeur incroyable, nous nous retirâmes fi melancoliques & fi chagrins que nous ne pouvions nous fouffrir.

Cette mauvaife humeur qui ne nous quitoit prefque plus étoit fouvent fuivie de certaines petites riotes qui altéroient la charité. Peutêtre qu'en un autre temps on eût tâché de les empêcher; mais dans ce trifte & fâcheux état on fouhaitoit que les querelleux s'échaufaffent, & fe batiffent jufqu'à la mort afin d'avoir dequoi faire quelques bons repas. Par bonheur on n'en vint pas-là, & quelque démêlé qu'on eût, il fe terminoit ordinairement par quelques petites injures. Un jour étant fort attentifs à l'un de ces petits différens, le Chirurgien qui étoit un des plus alertes, nous vint dire qu'il avoit trouvé des feuilles d'arbres bien plus agréables que toutes celles qu'on avoit mangées jufques-là. Elles étoient bonnes toutes cruës; mais étant cuites fous les cendres par petits pelotons, c'étoit encore toute autre chofe. Lorfque nous en eûmes goûté, nous le priâmes de nous indiquer l'arbre qui les portoit: A Dieu ne plaife reprit-il, que je vous le montre; comme il eft feul en fon efpéce dumoins que je fache,, fi je vous difois où il eft, dés la prémiére raffle il n'y refteroit pas une feuille, & je ferois alors auffi avancé que j'étois avant que je l'euffe trouvé. Nous ne fîmes pas grande inftance, car nous prétendions l'épier de-forte, que malgré lui nous découvririons fon trésor. Mais nos prétentions furent vaines, le Chirurgien fut plus fin que nous, & quelque foin que nous priffions, fon arbre ne fut point vifible.

Nous eûmes donc recours à notre reméde ordinaire qui étoit la

pa-

patience. Nous nous y exhortâmes mon ami & moi en nous promenant ſur le rivage, où notre promenade fut ſi longue, que nous parvînmes au lieu où étoit le Bufle que nous avions trouvé mort le prémier jour que nous mîmes le pié dans l'Ile. La mauvaiſe odeur de cette charogne étoit telle que nous fîmes d'abord quelques pas pour nous en éloigner; mais la faim étant la plus forte nous nous demandâmes où nous courions, & ſi nous étions ſages d'avoir encore ces délicateſſes? Retournons dî-je à mon ami, paſſons auprès de cette charogne, & apprenons à nous vaincre en toute maniére. Je faiſois l'homme fort & il ſembloit que je le fuſſe, mais ce n'étoit rien moins que cela: j'étois entraîné vers ce Bufle par la violence de la faim; & je voulois tenter ſi en le voyant de plus près je pourrois me réſoudre à y chercher dequoi l'éteindre. Mon ami me crut, nous retournâmes, & en regardant la charogne; que vous en ſemble lui diſ-je en riant, l'odeur en eſt extrémement forte, mais penſez-voûs que le goût en ſoit ſi mauvais? Pour moi, continuai-je, je m'imagine que ſi le feu y avoit paſſé elle ne feroit point de mal. Il ne crut pas d'abord que je parlaſſe ſérieuſement; mais quand il connut ma penſée, il dît tant de choſes pour m'en diſſuader, que je fus obligé de feindre que je n'y penſois plus.

Nous nous éloignâmes donc inſenſiblement de ce lieu, & en cherchant attentivement quelque choſe de plus ſortable, nous gagnâmes la pointe de l'Ile qui avance le plus vers la Terre. Notre peine fut inutile, nous ne vîmes rien qui nous ſatisfît, & faute d'un mêts plus ſolide, nous dîmes pour nous conſoler tout ce que nous ſavions.

Après avoir épuiſé toutes nos raiſons, nous nous ſentîmes l'eſprit auſſi foible, & auſſi peu diſpoſé à ſoufrir la faim qu'auparavant. Ainſi nous quitâmes ce froid exercice, & nous remîmes à chercher tout de nouveau; ſur quoi la nuit étant ſurvenuë, nous nous rendîmes à jeun auprès de nos gens que nous trouvâmes occupés à faire un de ces grands feux dont nous avons parlé. Ceſt où le maître du navire mettoit toute ſon eſpérance, & le ſeul ſignal à ſon avis qui pût avertir que nous étions-là. Auſſi étoit-il extrémement âpre à ce travail, & il portoit lui ſeul ce que quatre autres ne pouvoient traîner. Cet homme étoit ſi fort & avoit tant d'embonpoint, qu'apeine s'appercevoit-on qu'il eût jeûné auſſi-bien que nous. Lorſque le feu fut auſſi grand qu'on le vouloit, chacun ſoupa des feuilles d'arbres qu'il avoit amaſſées, & après avoir fait la priére, nous tâchâmes de mieux dormir que nous n'avions mangé.

Le lendemain deux de nos gens apportérent un petit *Léganés* qu'ils avoient trouvé à-demi mort. Sans s'informer d'où venoit ſon mal qui pouvoit être contagieux, ils le donnérent au maître car ils n'oſoient faire autrement; l'ordre établi portant que tout ce qui ſe trouveroit ſeroit partagé également. Juſques-là cet ordre avoit été aſſés bien gardé; mais en cette rencontre on commença à ſe relâcher, & l'équité fut mal obſervée; Ceux qui avoient pris cet animal dirent qu'il faloit conſidérer qu'il étoit fort petit; & que ſi on en vouloit faire vint & quatre portions, chacune ne ſeroit que de la groſſeur d'une noix: Que ſi peu de choſe ne feroit qu'aiguiſer l'appétit, qui n'étoit déja que trop violent, c'eſt-pourquoi il valoit mieux n'en faire que cinq ou ſix parts pour cinq ou ſix hommes qui furent nommés, & à qui on les diſtribua. De ces ſix favoris il n'y en eut un à qui l'injuſtice fît peur. Ce fut le Chirurgien qui donna généreuſement la moitié de ſa portion à ceux qui n'avoient rien eu. Ceux-ci affamés au dernier point, & outrés du tort qu'on leur faiſoit s'en plaignirent d'abord doucement, & peu après, ils eclatérent, & reprochérent tous enſemble au maître, que pourvu qu'il fût bien il ne ſongeoit pas au mal des autres. Qu'au reſte il avoit fait cette loi, & qu'il devoit rougir d'être le prémier à l'enfraindre. Pour ſe défaire de ces importuns, le maître leur fit jeter la peau qu'ils demandoient avec inſtance. Ce fut néanmoins contre le gré de ceux qui avoient mangé la chair, & ils la céderent avec peine, mais enfin elle fut cédée. Celui à qui on la confia pour la partager alloit le faire de bonne foi, lorſque quelques-uns des plus affamés ſe jetérent deſſus, & la lui ôtérent par force. D'autres qui ne l'étoient pas moins, étonnés de cette violence ſe jetérent ſur ces derniers, & s'étant trouvés les plus forts eurent auſſi les plus gros morceaux. Pour mieux conſerver leur butin ils s'enfoncérent dans le bois où ils le mangérent en repos. Ceux qui eurent moins de précaution ou qui ſe fioient en leurs forces ſe virent bientôt aſſaillis par d'autres qui leur ôtérent une partie de ce qu'ils avoient. Ceux qui n'avoient encore rien eu ſe jetérent ſur ces derniers, qui gardérent ſi bien leur proie qu'on ne put la leur arracher. On commençoit à s'échauffer, & il eſt ſans doute que les coups euſſent ſuivi de près les injures, ſi ceux qui avoient arraché un peu de cette peau ne s'étoient hâté de l'avaler.

Lorſ-

Lorsqu'on ne vit plus rien à espérer de ce côté-là chacun courut ailleurs; & l'un des plus âpres à chercher trouva les restes des deux serpens que nous mangeâmes les prémiers jours de notre arrivée en ce lieu. Les entrailles de ces reptiles étoient devenuës bleuës, gluantes, & s'étoient tellement gâtées, qu'on ne les pouvoit voir sans horreur. La moindre de ces circonstances dégoûta d'abord les plus affamés; mais ce dégout ne dura pas: Et quand on vit qu'un de la Troupe en avoit mangé sans accident, & sans avoir usé d'autre précaution que de les laisser un moment sur les charbons, nous courûmes voir si celui qui venoit de faire un si bon repas avoit tout emporté; & nous trouvâmes un million de vers qui couvroient ce que nous cherchions. Nous écartâmes ces escadrons, & trouvâmes que leur pâture étoit bleuë comme de l'azur. Quelques-uns dirent que cette couleur étoit une marque d'un violent poison, & qu'ils aimoient mieux mourir de faim que d'en manger. Un autre repartit qu'ils raisonnoient comme des innocens qui ne savoient pas que le poison n'a point de couleur affectée. Que celle qu'ils voyoient étoit une impression de l'air qui agissoit différemment suivant la nature des sujets où il se rencontroit. Mais sans aller si loin reprit-il, comment voulez-vous que le poison qui de soi est mortel donne la vie à tant d'animaux qui n'ont point d'autre nouriture que ce que vous voyez. Croyez moi dit-il, mangeons-en & je vous répons du succès. Comme il achevoit ces paroles il se jeta sur ces méchans restes, qu'il prit avec une âpreté qui nous fit craindre qu'il n'en laissât point. Nous avions trouvé ses raisons si justes, ou plutôt la faim nous pressoit de-sorte, que nous ne pûmes nous résoudre à manquer l'occasion de l'apaiser en partie. Nous partageâmes donc avec lui ce petit tas d'ordures, & le portâmes au lieu où nous couchions. Quelques-uns de ceux qui avoient vu avec horreur ce que le prémier avoit mangé nous voyant revenir chargés de la même provision, nous demandérent si nous avions tout enlevé, & sans attandre la réponse, ils coururent sur les lieux pour en être plus assurés. Cependant nous fîmes de ces saletés une grillade que nous trouvâmes tres-excellente; & nous la mangeâmes d'un air si content, que ceux qui peu-auparavant ne la pouvoient voir sans horreur, eurent un dépit sensible de n'être pas de notre écot.

Entre ceux sur qui notre joie fit le plus d'impression, il y en eut un, un, qui oubliant qu'il faisoit cuire sur les charbons un peu de la peau du *Léganés*, courut chercher de notre ragout. A dix pas delà il s'en souvint, & retourna pour prier quelqu'un d'en prendre soin; puis continuant sa pointe il se hâta de voir s'il trouveroit encore quelque chose; mais il retourna les mains vuides, parce que ceux qui étoient allés immédiatement après nous s'étoient hâtés de tout emporter. Le déplaisir d'avoir couru inutilement fut suivi d'un autre qui acheva de le desoler: l'ami à qui il avoit confié sa pitance avoit succombé à la tentation & l'avoit dévorée. Celui à qui elle appartenoit la redemanda à son retour; & quand on lui eut répondu que les charbons l'avoient consumée, il s'emporta contre son ami, lui fit des reproches sanglans, & peu s'en falut qu'il ne l'assomât.

Quand sa bile fut dissipée chacun alla de son côté, & s'empressa à trouver dequoi lui aider à avaler les feuilles d'arbres, qui sans quelque secours avoient de la peine à passer. Pour moi, lorsque je me vis seul, je m'enfonçai dans un marais où j'eus le bonheur de trouver de petits limaçons dont je remplis mon bonnet, mes poches, & les manches de ma chemise. Mes Compagnons me voyant chargé de ce précieux butin me demandérent où je l'avois fait. Je les satisfis, ils y volérent; & cependant mon ami & moi nous fîmes cuire sous les cendres une partie de ces animaux que nous mangeâmes, & que nous trouvâmes parfaitement bons. Tant qu'ils durérent nous ne cherchâmes point autre chose; mais nous étions si affamés que nous n'en eûmes que pour ce jour-là.

Le lendemain mon ami & moi nous allâmes encore en chercher, & en trouvâmes dans un autre endroit. Nous n'en prîmes que plein nos poches parceque la nuit s'avançoit; & nous étions si foibles qu'il nous faloit beaucoup de temps pour nous rendre auprès de nos Compagnons. Quand nous y fûmes, qu'aportez-vous-là dît le maître? Et quand il vit ce que c'étoit, ha, si reprit-il, que voulez-vous faire de ces ordures? Nous fûmes si surpris de l'entendre parler de la sorte que nous crûmes qu'il étoit troublé. Mais sans s'émouvoir de notre surprise, venez, venez dît-il, mes enfans, j'ai quelque chose de meilleur pour vous. Il nous montra au fond d'une manne de petits poissons qu'il nous abandonna en disant, que nous les mangeassions à la bonne heure sans nous informer d'où ils venoient. Ce n'est pas-là dequoi il s'agit répliquai-je,

ni

ni dequoi nous ſommes en peine; de quelque part que ce poiſſon vienne il eſt le bien venu, & je prétens en faire un des meilleurs repas de ma vie. En même temps nous courûmes aux feuilles qui nous ſervoient de pain; & nous choiſîmes les plus grandes pour enveloper le poiſſon que nous fîmes cuire ſous la cendre. Il eſt inutile de dire que nous le trouvâmes excellent, & que ſans autre ſauce que celle du bon appétit que nous avions depuis ſi long-temps, il fut trouvé plus délicat que le mieux apprêté & le plus exquis de tous les mêts dont nous euſſions jamais mangé. Pendant le repas nous réſolûmes mon Camarade & moi de ne rien omettre pour découvrir d'où venoit ce poiſſon; & dés-qu'il fut fini nous allâmes trouver notre bienfaiteur, que nous priâmes de nous dire en quel endroit il l'avoit pêché. Il n'en fit pas de difficulté. Il dît qu'il avoit fait une foſſe ſur le bord de la Mer que le flux avoit remplie; qu'à ſon reflux il l'avoit épuiſée avec ſon chapeau; & qu'il y avoit trouvé ce poiſſon. Je ne puis exprimer la joie que nous cauſa cette nouvelle, dans la penſée que ſi la choſe avoit réuſſi une fois, nous pourrions avoir le même ſuccès en uſant des mêmes moyens; cela étant nous éſpérions que l'avenir ſeroit moins amer, & goûtions par avance un plaiſir qui ne devoit être qu'en idée. En-effet nous fîmes tout ce que nous pûmes, & dans aucune des vint foſſes que nous creuſâmes il ne ſe prit pas un poiſſon. Ce malhureux ſuccès nous fit retomber dans notre prémiére détreſſe, car ayant fondé ſur un mets plus ſolide que les feuilles d'arbres, nous ne pûmes nous voir réduits à y avoir recours qu'avec une peine inexprimable.

Le peu de ſecours que nous en tirions nous fit chercher quelque autre choſe avec tant de ſoin & d'éxactitude, que nous trouvâmes mon ami & moi un gros crapaut dont la vuë nous réjouit. C'eſt une étrange choſe que la faim: elle rend plaiſans & agréables les objets les plus affreux; & ce qui fait peur hors delà devient quand on en eſt ſaiſi prétieux, utile & charmant. Dés que nous l'apperçûmes nous le prîmes ſans averſion, & plus ménagers que l'autre fois, nous le mîmes ſans le vuider & tel qu'il étoit ſur les charbons; d'où un moment après nous le retirâmes & en fîmes un fort bon repas.

Ce mêts fut trouvé excellent & n'eut aucune fâcheuſe ſuite, mais il étoit en ſi petite quantité qu'il ne dura guéres dans nos eſto- *Ragout de crapans.*

 machs,

machs. Un quart d'heure après, la faim nous reprit, nous tombâmes dans la même peine, & n'y voyant point d'autre reméde que celui de sortir de ce triste lieu, nous résolûmes d'amasser le plus que nous pourrions d'arbres secs, & d'en faire un radeau qui pût nous porter en Terre ferme. Le maître ayant su notre dessein eut bien de la peine à y consentir. Il nous représenta le péril où nous nous exposions; puisque nos camarades, qui avoient tenté la même fortune y étoient demeurés: que nous ne pouvions pas espérer d'être plus hureux qu'eux puisque nous n'avions pas de meilleurs moyens d'en sortir; aulieu que dans peu de temps nous verrions peut-être passer le long de ce rivage quelques barques de pêcheurs où nous pourrions être reçus. Ces raisons étoient vraisemblables & nous en demeurious d'accord; mais le sort en étoit jeté, quoiqu'il arrivât nous voulions sortir de cette affreuse solitude, & le maître enfin nous permit de faire ce que nous pourrions pour cela.

Dés que nous eûmes son consentement nous coupâmes des arbres secs; & nous fîmes de leurs écorces de petites cordes qui servirent à les lier ensemble. Nous n'y avions travaillé que trois ou quatre heures quand nous commençâmes à éprouver que cet ouvrage excédoit les forces de quatre ou cinq squélettes qui à tous momens plyoient sous le faix, & que les autres ne voulurent nullement aider. Ceux-ci alleguoient que leur foiblesse n'étoit pas moindre que la nôtre; qu'ils avoient rendu vainement ce service à d'autres, & qu'ayant perdu toute espérance ils ne se soucioient plus de rien.

Le refus qu'ils firent de nous aider ne nous rebuta pas, nous continuâmes notre ouvrage, & plus nos forces diminuoient, plus nous nous hâtions de l'achever. Avec tout cela je ne croi pas que nous en fussions venus à bout, si deux des plus jeunes & des plus forts de l'Equipage ne s'étoient joints à nous. Leur secours vint si apropos que nous achevâmes le radeau à la réserve de tres-peu de chose à quoi le vif de l'eau nous empêcha de travailler durant quelques heures.

En attandant le reflux de la marée nous nous mîmes tous à fumer des feuilles autour d'un petit feu; & en fumant je pensai qu'on avoit souvent vu des Léganés acharnés après le busle, & que s'il y en avoit encore je pourrois en prendre quelqu'un. Je pris

pris cette penſée pour une eſpéce de révélation ; j'allai me cacher derriére un arbre où j'attandis long-temps en-vain. Cependant je ſongeai que ſi le bufle étoit un ragout pour ces animaux, il faloit que ſa chair ne fût pas encore ſi mauvaiſe que nous nous figurions. De ces réfléxions je vins aux effets ; & à l'un des endroits que je crus le moins gâté, j'en coupai un gros morceau & rejoignis mes Camarades.

Dés que l'on vit ma proviſion chacun ouvrit de grands yeux pour la regarder, & tous enſemble me demandérent confuſément quelle chair c'étoit, où je l'avois priſe ? & s'il y en avoit encore? Ils furent un peu ſurpris quand je leurs dîs que c'étoit de la chair du bufle, car juſques-là nul autre que moi n'avoit eu la penſée d'en venir à cette extrémité, mais quand ils virent que cette chair qui ſentoit ſi mal, ne choquoit pas ſi fort la vuë, pluſieurs y coururent à mon exemple & en prirent le plus qu'ils purent. Avant que ceux-ci fuſſent de retour je mis ma portion ſur la braiſe, d'où la voulant tirer avec un bâton fait exprès, il ne ſe trouva qu'une humeur gluante qui ne pouvoit nous être utile.

Cette expérience me fit tout quiter pour courir à nos gens à qui je conſeillai de laiſſer le gras & de ne couper que du maigre. En même temps nous mîmes tous la main à l'œuvre & en coupâmes quarente livres qui furent miſes ſur des arbres ſecs, comme étant plus propres à notre avis pour leur faire perdre une partie de leur mauvaiſe odeur. Nous en fîmes rôtir un morceau qui fut diſtribué également. L'odeur en étoit ſi mauvaiſe que pluſieurs crurent qu'ils alloient crever, & cependant ils en mangérent & la trouvérent paſſablement bonne.

Comme toute la bande n'avoit pas été du régal, nous en portâmes une portion au rendez-vous & fîmes en ſorte que le reſte ne fût pas découvert. Nous la donnâmes au maître & lui dîmes que c'étoit du bufle. Il n'étoit pas dît-il, néceſſaire de me dire ce que c'eſt, à l'odeur je l'ai reconnu ; de grace reprit-il, portez votre préſent ailleurs. Comme il achevoit ces paroles je voulus m'approcher de lui pour lui dire qu'il n'étoit pas ſi mauvais qu'il s'imaginoit : mais il me dît que mon haleine étoit inſupportable, que j'infectois l'air qu'il reſpiroit, & qu'il avoit déja mal au cœur. En diſant cela il ſe retira, & alla chercher un autre gîte.

Les autres un peu moins délicats s'approchérent de nous, & nous prié-

priérent de leur en donner. Nous leur en donnâmes, ils en mangérent; & ces prémiers morceaux irritérent tellement leur appétit qu'ils sembloient être possédés. Lorsque les plus ardens eurent dévoré leur portion, ils vouloient de celles des autres: ceux-ci n'y vouloient point entendre; & ce refus mêlé d'aigreur émut une contestation qui nous fit craindre qu'ils ne se mangeassent les uns les autres. Pour les appaiser nous leur donnâmes de ce que nous gardions pour nous, mais cela ne fit que les enflammer, il leur en faloit davantage, & quoiqu'il fût nuit il vouloient aller où étoit cette charogne pour en manger tout leur sou. On leur représenta que la nuit étoit trop obscure, & que c'étoit pendant ce temps-là que les Kaimans & les crocodiles se promenoient sur le rivage. Ils se rendirent à cette raison, mais ils dormirent peu, nous nous sentîmes tous des effets de leur avidité, & il falut acheter la paix au prix de ce qui nous restoit. Aprés qu'ils eurent tout mangé quelques-uns d'entre eux s'assoupirent; les autres dîrent que la faim les tourmentoit plus qu'auparavant; & surtout il y en eut un qui dît que la nuit lui duroit un siécle, qu'il lui étoit impossible de reposer, & qu'il ne croyoit pas qu'il y eût un mal comparable à la faim qu'il sentoit. Cependant il avoit mangé plus de trois livres de cette charogne; & quelques heures avant la nuit la moitié d'un grand poisson qu'il avoit trouvé à-demi rongé sur le rivage. Ce poisson étoit si grand qu'il croyoit d'abord s'en nourrir deux jours; mais depuis qu'il y eut goûté, il n'en fît qu'un repas, & il assura qu'il eût pu en manger quatre fois autant. Ainsi cet affamé troubla par son inquiétude le repos de toute la bande; si-bien que dés le point du jour nous nous levâmes tous; les affamés pour courir au bufle, & nous pour achever le radeau que nous avions commencé.

Quelque méchant & gaté que fût ce que nous avions mangé le jour précédent, il nous avoit donné des forces qu'on ne sentoit point quand on ne mangeoit que des feuilles d'arbres. C'estpourquoi démi-heure après que nous fûmes à notre travail, nous le quitâmes pour en faire quelques grillades qui achevérent de nous fortifier. Quelques heures avant la nuit notre radeau se trouva fait; & après nous être un peu promenés nous retournâmes vers nos Compagnons que nous trouvâmes tous occupés, les uns à mettre leur pitance à l'air, les autres à la tourner, quelques-uns à la faire cuire, & à la manger d'un air de gaieté qui eût fait venir l'appétit aux plus délicats.

Lors-

Lorsque le maître sut que que notre radeau étoit prêt, il nous remontra comme auparavant la grandeur du péril où nous allions nous exposer, puisque sans voiles nous ne pouvions aller à Terre, ni résister aux Courans sans ancre. Nous lui répondîmes qu'il n'y avoit rien de si dangéreux pour nous que cette Ile, où nous courions risque de mourir de faim dés que nous n'aurions plus de bufle: que si nous n'avions ni voile ni ancre, nous nous sentions assés de forces pour résister aux Courans; & que nous espérions rencontrer quelques Bengalois qui nous recevroient dans leur Bord.

Après quelques autres raisons il nous souhaita un bon voyage, & consentit que nous menassions avec nous un jeune homme de l'Equipage qui parloit Portugais. Comme cette Langue est fort usitée dans les Royaumes de Bengale & d'Aracan, nous en espérâmes un grand secours & ne songeâmes plus qu'à partir. Sur ces entrefaites un des nôtres proposa de faire une ancre à crochet, & dit que pour cela il ne faloit que quatre petits bois crochus, qu'il lieroit si proprement avec des écorces de jeunes arbres qu'ils pourroient mordre le terrain. Cela se pourroit lui répliquai-je, si nous avions dequoi la faire aller à fond, mais comme vous savez il n'y a pas une pierre dans cette Ile. J'ai pourvu à cela reprit-il, nous remplirons de sable deux ou trois manches de chemises que nous attacherons à l'ancre, & vous verrez qu'elle nous rendra le même service que si elle étoit de fer. Nous vîmes à cela tant d'apparence, que les uns allérent chercher de l'écorce, les autres des branches courbées, & en moins de deux heures notre ancre fut telle qu'on la souhaitoit.

Cet ouvrage ainsi disposé n'étoit encore qu'à-demi fait, il nous faloit vint brasses d'amares & nous ne savions où en prendre dix. Comme nous y pensions nous vîmes venir deux de nos gens chargés de lierre & d'écorce de jeunes arbres. Ils mêlérent l'un avec l'autre, & en firent une corde aussi longue qu'il la faloit.

Le lendemain nous prîmes congé de ceux qui restoient, dans le dessein de revenir bientôt à eux si nous arrivions à bon port. Ils nous souhaitérent un hureux succès, & vinrent avec nous jusqu'au rivage; où après nous être embrassés, nous nous mîmes huit sur le radeau, & gagnâmes la pointe de l'Ile qui regarde la Terre ferme.

 Là

Là nous fîmes encore une pause, nous nous y pourvûmes de feuilles d'arbres, nous y allumâmes du feu, & y fîmes encore un repas. Nous démarâmes ensuite, & peuaprès à force de rames nous nous trouvâmes assés loin de l'Ile. Dabord nous tâchâmes d'avoir la marée de côté, ce qui nous réussit assés bien; mais à mesure que nous avancions, il fut impossible de surmonter la force des Courans. Par bonheur il faisoit calme, ce qui nous donna lieu de nous servir d'un sachet de sable en guise de sonde. Par ce moyen ayant reconnu que la marée nous étoit contraire, nous jetâmes l'ancre sur un fond où le radeau ne pouvoit arer. Cependant la faim nous reprit & nous convînmes de manger; mais auparavant il fut arrêté que les provisions seroient partagées, afin que chacun ménageât la sienne, depeur que notre voyage ne fût plus long qu'on ne pensoit. On commença donc le repas dans le dessein de manger tres-peu: mais apeine eut-on goûté à la viande qu'il fut impossible à la plupart de s'empêcher de la manger toute. Quand ils se virent réduits aux feuilles ils eurent recours aux souhaits, & à prier Dieu de tout leur cœur que la corde rompît pour retourner à l'Ile, dont nous n'étions encore éloignés que d'une lieuë.

Leurs priéres furent exaucées, il s'éleva une tempête, dont le radeau fut si tourmenté que la corde rompit; les houles enlevérent nos provisions qui consistoient en quelques feuilles, & nous poussérent vers le même endroit d'où nous étions partis le matin.

Deux des plus jeunes de la troupe furent destinés à garder le radeau pendant que les autres allérent à terre. D'abord nous courûmes vers le feu que nous avions laissé en partant, & y trouvâmes une des femmes de ces Négres dont nous avons parlé. Dés que cette femme nous vit elle se jeta à nos piés; nous découvrit son corps tout meurtri & tailladé, & nous fit entendre que c'étoient ses gens qui l'avoient mise en cet état. Outre cela cette misérable n'avoit que la peau & les os; & nous jugeâmes que son sort n'étoit pas meilleur que le nôtre. Comme nous ne l'entendions point nous lui fîmes signe de se r'asseoir, & nous nous chauffâmes tous ensemble dans le dessein de nous reposer dés que nous le pourrions. Une heure aprés la faim nous pressa de telle sorte qu'il fut impossible de dormir. Ce qui acheva de nous desoler

ler fut l'odeur d'un peu de viande que malgré la tempête un de nos gens avoit conservée, & qu'il mangea en notre présence sans en faire part à personne quelque instance qu'on lui en fît. Nous allâmes donc chercher des feuilles, mais nul de nous n'en put avaler en quelque sauce que nous les missions. La chair du bufle nous avoit rendu trop délicats, & depuis qu'on y eut goûté les feuilles d'arbres étoient devenuës insipides.

 Ce-

Etranges effets de la faim.

Cependant la faim continuoit avec tant de violence que nous étions tout hors de nous-mêmes. Les uns avoient la vuë égarée & se regardoient d'un euil affreux comme des gens qui méditoient quelque mauvais dessein. Les autres alloient & venoient & marchoient en desespérés, crians de temps en temps qu'ils souffroient comme des damnés. Pendant que l'on se tourmentoit, un des plus malades dît aux autres qu'il venoit d'avoir une inspiration. Mais avant dît-il, que je vous la dise il faut m'avoüer que c'en est une; & sans nous donner le temps de répondre: Admirez reprit-il, les effets de la Providence, Dieu qui a pitié de notre misére y vient de pourvoir si visiblement que nous ne pouvons en douter; cependant nos péchés nous avoient obscurci les yeux, & nous ont empêchés long-temps de voir le reméde qu'il nous envoye. Le discours de cet homme que nous traitâmes d'insensé nous ennuya de-sorte que nous ne pûmes nous empêcher de l'interrompre, & de lui dire qu'il étoit fou de prendre ses chiméres pour des révélations divines. Pensez-vous reprit-il, que si j'étois fou comme vous pensez, vous eussiez raison de vous croire le cerveau mieux timbré? mon mal seroit l'effet de la faim, vous l'avez soufferte aussi-bien que moi, d'où viendroit à votre cerveau plus de force que n'en a le mien? Mais sans tant de discours, voyez-vous cette pauvre femme, & pensez-vous que le hazard l'ait amenée ici? La Baleine de Jonas, les poissons du Jeune Tobie..... De grace dît un impatient, laissons-là Jonas & Tobie; ce sont des digressions qui ne viennent point apropos; nous avons faim, & il s'agit de la chasser, avez-vous pour cela quelque moyen promt & facile? Ne le voyez-vous pas répliqua l'autre, & pensez-vous que cette femme ne soit là que pour se chauffer? ç'a bien été son intention, mais Dieu s'en est servi pour l'obliger à se venir mettre entre nos mains. Il a ma foi raison reprît un nommé Charles Dobbel; plus j'éxamine les circonstances de cette rencontre, moins je doute que ce ne soit un effet de la Providence, & je ne croi point que cette femme soit venuë d'elle-même ici: ç'a continua-t-il, en se levant je m'offre à être l'éxécuteur des volontés divines; aprés avoir mangé de toutes sortes de saletés, voyons si la chair humaine est bonne, & n'en faisons point de scrupule puisque c'est l'intention de Dieu, & que ses ordres y sont formels. Lorsque je vis qu'il parloit sérieusement je le priai de se r'asr'aſſeoir, & lui dis qu'il prît garde aux ſuites de ſon entrepriſe; que ces ſortes de penſées étoient plutôt des tentations du Démon que des révélations divines: que cette femme étoit notre image, & que ſi c'étoit par révélation qu'ils entreprenoient de la manger, c'étoit une des plus chétives & des plus maigres révelations dont j'euſſe jamais oui parler. Voyez-vous repris-je que cette femme n'eſt qu'une carcaſſe animée, & qu'un ſquélette couvert d'une peau, qui comme vous voyez n'a pas la mine d'être un mêts fort délicat; & quand cela ſeroit penſeriez-vous en demeurer-là? non ſans doute, vous voudriez avoir toujours la même pâture, & Dieu ſçait ſi vos Camarades ſeroient ſurement auprès de vous? J'ajoûtai à ces raiſons que dans deux heures nous pourrions aller vers le bufle, où nous trouverions peutêtre encore dequoi nous raſſaſier; & que s'il ne ſe trouvoit rien, il leur ſeroit libre d'épargner ou de maſſacrer cette miſérable.

Moitié par honte, moitié par un reſte d'horreur qu'ils avoient pour cette action, ils dîrent qu'ils n'y penſoient plus & tâchérent de s'aſſoupir. Dés le point du jour ils ſe levérent & me ſommérent de ma promeſſe. J'étois ſi foible que je ne pouvois preſque marcher; & delà au lieu où étoit le bufle il y avoit plus d'une lieuë. Je les priai donc de me diſpenſer d'une voiture ſi incommode; mais j'eus beau dire, ils voulurent abſolument que je fuſſe de la partie, & il me falut les accompagner. Les quatre plus foibles demeurérent-là, & nous promirent cependant de faire une corde neuve pour amarer à un autre ancre que nous ferions aulieu de celle qui étoit perduë.

A vint pas delà Charles Dobbel retourna vers les quatre autres, & leur recommanda de prendre garde que cette femme ne leur échapât, étant réſolu à ſon retour de lui faire paſſer le pas, encas que le buffle fût tout mangé. Nous nous hâtâmes enſuite de nous rendre où étoit le buffle; & nous y trouvâmes beaucoup de chair, mais ſi gâtée que nous n'en pouvions approcher. Après avoir cherché la meilleure, & vu qu'elle étoit toute égale, nous en coupâmes deux ou trois morceaux que nous mîmes ſur les charbons, & que nous dévorâmes avant qu'ils fuſſent à demi cuits.

Il vint pendant que nous les mangions deux de nos gens qui étoient demeurés avec le maître; & nous vîmes bien à leur contenance qu'ils alloient à la proviſion. Cela nous déplut infiniment, car nous craignions qu'ils ne priſſent tout. Eneffet c'étoit leur deſſein, & la ſuite nous fit bien connoître qu'ils ne vouloient pas nous en laiſſer. Après les avoir obſervés environ une heure, nous les joignîmes pour reconnoître leur intention. Lorſque nous vîmes qu'il ne reſtoit plus que les os, les larmes nous vinrent aux yeux, & nous nous dîmes les uns aux autres que nous méritions de mourir de faim, pour avoir attandu ſi long-temps à nous mettre en devoir de les empêcher de tout prendre. Il eſt un peu tard dît Charles Dobbel, pour avoir de la chair puiſqu'ils n'y en ont point laiſſé; mais il reſte encore un peu de la peau, tâchons de l'avoir de gré ou de force. En même temps il les pria de ſe contenter de ce qu'ils avoient, & de leur laiſſer ce qui reſtoit. Ho dît l'un d'entre eux d'un ton ironique ces meſſieurs-là ne ſont ni ſots ni dégoûtés: nous avons pris de la chair pourie, & nous leur laiſſerons la peau qui eſt ce qu'il y a de plus ſain, & parconſéquent de meilleur. Penſez-vous nous dît-il, que nous ayons travaillé pour vous? & que nous ayons pris la peine de tourner la bête, pour vous faciliter les moyens de prendre ce qui reſte? Nous ſouhaiterions bien que vous ne manquaſſiez de rien; mais nous ſouhaitons encore moins de manquer nous mêmes; & ſi nous ſommes condannés à périr ici, je vous déclare que je ferai tous mes efforts pour périr le dernier.

Le diſcours de ce babillard nous échaufa la bile, principalement à Charles Dobbel, qui ſans ſe ſoucier de ces raiſons voulut d'abord uſer de violence; mais je lui remontrai qu'il ne faloit pas aller ſi vîte, & qu'il ne faloit nous emporter que le plus tard que nous pourrions. Je leur dis donc que notre demande n'étoit ni injuſte ni ridicule; que nous étions tous d'un même Equipage, Compagnons de même fortune; & qu'ils devoient avoir égard que nous allions hazarder nos vies auſſi-bien pour eux que pour nous. Ces raiſons furent mépriſées, & Charles Dobbel indigné de ce procédé, allons nous dît-il Camarades, travaillons auſſibien qu'eux, qu'avons nous beſoin de leur permiſſion? Chacun de nous tira ſon couteau, & nous leur ôtâmes leur proie.

Nos Voyageurs prêts à ſe batre pour la peau du buffle.

Les autres qui étoient inférieurs en nombre ſe regardérent quelque temps comme pour s'animer l'un l'autre. Ils nous demandérent s'il étoit juſte qu'ils euſſent travaillé pour nous, & en diſant cela ils levérent l'un une hache, & l'autre un couteau pour nous

nous en frapper. De notre côté nous nous mimes en état de nous défendre ; & celui qui avoit la hache ayant juré qu'il fendroit la tête au prémier qui approcheroit, je lui dis que s'il étoit ſage il y penſeroit plus d'une fois, & qu'il feroit mieux d'écouter raiſon que de s'emporter de la ſorte. Quelle raiſon reprit-il, peut-on eſpérer de gens qui n'en ont point. Vous voulez que nous vous cédions

dions ce qui nous appartient, pouvons-nous moins faire que de nous défendre? Nous repartîmes sur le méme ton, & nous convînmes enfin qu'ils auroient ce qu'ils avoient coupé, & que le reste nous demeureroit.

Lorsque nous eûmes presque tout ôté sans couteau tant la pourriture étoit grande, nous le lavâmes en plusieurs eaux, nous en fîmes cuire une partie, & gardâmes le reste pour les autres. Ensuite on songea à refaire une ancre pour mettre en la place de celle que nous avions perduë, & pour cela deux des nôtres furent dépêchés vers le maître pour demander la hache. Il nous l'envoya aussitot, nous trouvâmes ce que nous cherchions, & quand l'ancre fut achevée, nous résolûmes d'aller tous quatre remercier le maître. A moitié chemin un de ceux qui avoient emprunté la hache nous dît qu'il avoit vu en allant le linge du maître sur des arbres, & que son compagnon & lui qui étoient presque tout nus avoient été tentés de prendre chacun une chemise & un pourpoint, mais qu'ils n'avoient osé le faire sans nous en parler. Nous eûmes d'abord de la peine à consentir qu'ils en prissent; mais le grand besoin qu'ils en avoient, nous fît fermer les yeux à toute considération. Et comme ce vol ne se pouvoit faire de jour, nous attandîmes qu'il fût nuit, & hureusement ils dormoient quand nous arrivâmes à leur quartier. Ceux qui avoient besoin de linge ayant pris ce qu'ils souhaitoient, nous vinrent dire qu'il y avoit au même endroit quantité de chair & de peau de bufle dont nous ferions peut-être bien de nous saisir. Nous fûmes long-temps à nous résoudre sur ce point-là, parcequ'il étoit fort à craindre que s'ils nous prenoient sur le fait ils n'usassent de leur avantage, qui étoit d'être mieux armés & en plus grand nombre que nous. La faim l'emporta sur ces réfléxions, nous leur ôtâmes une partie de leur pitance, & nous retirâmes au plus vîte. Je n'allai pas bien loin sans me repentir de ce vol, & j'étois prêt à reporter ce que j'avois pris, quand Charles Dobbel me représenta qu'il étoit trop tard, & que s'ils venoient à s'éveiller, quoique nous pussions dire pour nous justifier, ils ne croiroient jamais en nous voyant à une heure induë, que nous fussions là sans dessein. Je crus donc son avis, & avec d'autant moins de peine que la faim m'y faisoit pancher. Après avoir dormi quelques heures nous continuâmes à marcher vers nos Compagnons que nous trouvâmes de l'autre côté de la riviére où nous les avions laissés. L'eau étoit alors si haute

haute qu'il nous falut la paſſer à nage chargés du butin que nous avions fait ſur ceux qui tenoient compagnie au maître.

Trois de ceux qui nous attandoient n'avoient point mangé depuis que nous les avions quités, & ils étoient ſi foibles qu'apeine pouvoient-ils ſe tenir debout. Le quatriéme à qui il reſtoit quelque choſe, en fit bonne chére en leur préſence, & eut la dureté de leur refuſer auſſi gros qu'une noix de chair de bufle pour leur aider à manger des feuilles dont ils ne pouvoient plus uſer. Nous ne pûmes entendre ſans indignation les juſtes reproches de ces affamés; nous reprîmes aigrement celui dont ils ſe plaignoient & lui remontrâmes qu'il mériteroit qu'on lui fît comme il leur avoit fait, mais que nous étions & plus tendres & plus pitoyables que lui, avec qui comme avec les autres nous voulions partager ce que nous avions apporté.

Après avoir fait de notre vol des portions égales, & que chacun eut pris la ſienne, nous jugeâmes apropos de veiller tour à tour contre les ſurpriſes de nos ennemis, au nombre deſquels nous mettions ceux à qui nous avions volé une partie de leur pitance: Et pour nous lier plus fortement les uns aux autres, nous jurâmes de faire les derniers efforts pour nous entreaider en-cas que l'on nous attaquât. Nous demandâmes enſuite ce qu'étoit devenuë la femme qu'on leur avoit laiſſée en garde, & nous apprîmes que peu-aprés notre départ elle s'étoit ſauvée ſi ſubtilement qu'on n'avoit pu la retrouver. Nous ſouhaitâmes alors ſon retour, & réſolûmes unanimement de lui ôter la vie & de la manger, quelque décharnée qu'elle fût.

Des Négres attaquent nos voyageurs.

Dés qu'il fut nuit la ſentinelle fut poſée & les ſept autres ſe mirent à dormir. Apeine avions-nous repoſé deux heures que notre ſentinelle vit un Négre armé d'un gros bâton qui venoit doucement vers lui. Lorſqu'il le vit à la portée de ſon aviron il le lui rompit ſur la tête, & de ce coup ce miſérable tomba comme mort. Le bruit qu'ils firent nous éveilla, & ayant ſu ce que c'étoit, nous courûmes après les autres Négres, qui voyant leur homme abbatu s'étoient enfoncés dans le Bois. Dés qu'ils ſentirent que nous les ſuivions, ils firent en s'enfuyant un bruit que l'on eût dit être de vint perſonnes, quoiqu'ils ne fuſſent que ſept ou huit. Après les avoir ſuivis en-vain nous retournâmes au lieu où leur camarade étoit tombé, & où nous penſions le trouver mort: mais nos conjectujectures nous trompérent, ce malhureux s'étoit sauvé, & il s'étoit sauvé si vîte qu'il avoit oublié son bâton.

Nous raisonnâmes sur cette avanture, & ne doutâmes point que la femme qui s'étoit chaufée avec nous n'eût donné avis à ses gens de ce qui se passoit parmi nous. Elle avoit remarqué à notre départ qu'il n'étoit resté que quatre des nôtres, qui seroient peutêtre aisés à défaire si on les surprenoit la nuit. C'est assurément sur ce pié qu'ils étoient venus, mais par bonheur aulieu de quatre hommes ils en avoient trouvé huit, l'un desquels veilloit à la sureté des sept autres.

Aussitôt que le jour parut nous fîmes pour notre ancre une corde semblable à la prémiére, & quand nous fûmes prêts à partir, nous trouvâmes que le radeau étoit devenu si pesant qu'il ne pouvoit porter que six hommes. Il falut donc en renvoyer deux, & le sort tomba sur les deux plus jeunes, à qui nous promîmes pour les consoler de revenir à eux avec un bateau dés que nous serions en Terre ferme.

En attendant que la marée nous fût favorable nous nous mîmes autour d'un petit feu, où une heure après nous entendîmes des cris réïtéres qui troublérent notre repos. Quelque frayeur que nous eussions on jugea apropos de répondre; & un moment après nous vîmes revenir les deux jeunes hommes dont nous avions voulu nous défaire. Ils étoient si troublés qu'ils trembloient encore en nous disant qu'ils n'avoient trouvé ni le maître ni aucun de ceux qui l'accompagnoient: Qu'ils les avoient cherchés non seulement où ils avoient accoutumé de passer la nuit, mais même en beaucoup d'autres endroits, & qu'apparemment il avoit passé quelques Barques où ils avoient été reçus. La répugnance qu'ils avoient à demeurer dans l'Ile nous fit croire qu'ils nous imposoient; nous les prîmes donc séparément & leur fîmes des demandes dont les réponses furent conformes. Cela nous fit résoudre de demeurer-là jusqu'au lendemain pour aller nous-mêmes sur les lieux, & de ne sortir point de l'Ile que nous ne sussions où ils étoient.

Sur le Minuit le flot étant propre à notre dessein nous levâmes l'ancre pour aller vers les arbres secs, de quelques-uns desquels nous avions besoin pour renforcer notre radeau. Après avoir tourné demi-heure nous nous apperçûmes un peu tard que la marée

rée nous pouſſoit impétueuſement vers un grand arbre dont les branches étoient en quantité & fort étenduës. Quelques efforts que nous fiſſions il fut impoſſible de l'éviter ; & le radeau y fut pouſſé avec tant de violence, que quelques-uns de nos gens tombérent dans l'eau, d'autres demeurérent ſuſpendus aux branches de l'arbre, & je fus le ſeul inébranlable. La ſecouſſe fut ſi vio-

Leur radeau embaraſſé entre les branches d'un arbre.

lente que chacun de nous crut que tous les autres s'étoient néyés; & je n'en doutois presque pas lorsque Charles Dobbel parut, demanda aux autres s'ils vivoient encore; & fut ravi de me revoir sur le radeau. Peuapeu les autres se firent connoître, & tous enfin se retrouvérent. Il faisoit froid & ces pauvres gens étoient tous mouillés: c'est-pourquoi nous tâchâmes de descendre à terre pour faire du feu.

En sortant de cet embarras nous entrâmes dans un autre qui ne fut guéres moins sensible. L'ancre, & la moitié de la corde qui s'étoit rompuë dans la secousse ne se trouvérent point, & nous manquions de moyens propres pour reparer cette double perte. Nous ne savions même si nous pourrions approcher du rivage, la force des Courans nous en éloignant avec violence, & quoique nous fissions nous ne les pouvions surmonter. Comme le mal étoit pressant & qu'il étoit temps d'y rémédier, deux de nos gens prirent le reste de la corde, & nagérent vers le rivage où ils tirérent le radeau sans peine.

Il étoit nuit, nous mourions de faim & de froid, & nous n'avions ni pain ni feu. Ajoutez à cette misére que du lieu où nous étions jusqu'à celui où nous nous étions chaufés le jour précédent, il y avoit une demi-lieuë. Il faloit néanmoins y aller si nous voulions avoir du feu, & nul d'entre nous n'étoit disposé à faire une si longue traite. Comme nous gémissions sans savoir dequoi devenir, Charles Dobbel le plus dispos & peutêtre aussi le plus courageux, prit les deux plus jeunes de la Troupe & alla chercher ce qui nous manquoit. En les attandant nous nous entretînmes des malheurs qui nous accabloient, & du peu d'apparence qu'il y avoit d'en sortir hureusement, toutes choses nous étant contraires dans une Terre stérile & barbare, où il sembloit que le Ciel nous eût jetés pour nous faire souffrir les peines duës à nos offenses.

De ces entretiens nous tombâmes dans un morne silence; & je croi que nous fussions morts si nos Compagnons n'étoient revenus un quart-d'heure après. Le feu qu'ils apportérent nous fit autant de bien en dissipant les ténébres dont l'horreur aidoit à nous affliger, qu'en chassant le froid qui étoit extrême. Ces pauvres gens nous contérent à leur retour qu'ils avoient presque toujours marché sur des ronces & sur des épines; qu'ils s'étoient égarés; & qu'aqu'après avoir trouvé le feu, ils avoient presque perdu l'idée du lieu où ils étoient: qu'ils étoient tombés dans des fosses toutes pleines d'eau, où leur feu s'étant éteint, ils avoient été obligés d'en aller querir d'autre; & qu'en cherchant un chemin plus doux, ils en avoient trouvé un plus difficile que le prémier, d'où ils n'étoient sortis qu'avec une peine incroyable. Ils avoient les piés tout en sang, les jambes & la tête toutes meurtries, & une amertume d'esprit qu'il est malaisé d'exprimer. Nous les consolâmes le mieux que nous pûmes & après nous être encouragés les uns les autres nous tâchâmes de reposer.

Le lendemain nous envoyâmes deux de nos Camarades au quartier du maître & aux environs pour savoir s'ils étoient partis; & cependant nous cherchâmes dequoi refaire une autre ancre & une autre corde. Sur le soir nos gens rapportérent que les autres n'étoient plus dans l'Ile, & qu'après avoir cherché dans tous les lieux où ils pouvoient être, ils n'avoient trouvé qu'un méchant reste de poisson pourri; un peu de la peau du busle, quatre gousses d'ail & un pot.

A ces indices nous reconnûmes qu'ils étoient partis, & commençâmes à croire qu'ils se ressouviendroient de nous. Cependant nos deux Députés nous contérent que chemin faisant ils avoient trouvé un tombeau que l'un des deux avoit ouvert par une simple curiosité à ce qu'il disoit, mais la suite fit voir qu'il avoit un autre dessein; car sitôt qu'il vit un cadavre que les vers rongeoient, il dit que le sort de ces insectes étoit plus hureux que le sien, & & qu'ils mouroit de faim pendant qu'il faisoient bonne chére. Après l'avoir regardé long-temps, il dit qu'il avoit grande envie d'ôter leur proie à ces animaux, & que n'ayant pas d'autre moyen d'éviter la mort, il ne voyoit pas qu'on pût le blâmer de manger de ce qui s'offroit. A peine eut-il parlé de la sorte, qu'il succomba à la tentation; il prit le cadavre & l'eût mis en piéces pour le manger, si son Camarade ne lui eût fait voir l'énormité de cette action. Il eut de la peine à l'en dissuader, mais enfin il en vint à bout; & de concert ils remirent le cadavre en Terre, & se hâtérent de s'en éloigner depeur que la faim ne fût la plus forte & n'achevât de les séduire.

Sitôt que nous ûmes le pot; nous y fîmes bouillir de l'eau, avec les restes du poisson dont nous avons parlé, & quantité de feuilles

uilles hachées. Après le repas on mit en délibération s'il ne valoit pas mieux demeurer dans l'Ile que d'en partir. La prémiére opinion étoit fondée sur la difficulté de résister à la marée qui étoit fort haute; sur la perte de nos deux ancres; & sur l'impossibilité d'en recouvrer une quatriéme, en-cas que celle que nous avions vînt à manquer. On ajoutoit que nos Compagnons étant en en lieu de fureté, ils auroient foin de nous, & qu'apparemment ils n'omettroient rien pour nous tirer promtement delà. Ceux qui avoient envie de partir difoient que le fecours dont on parloit étoit incertain; que fur cette frêle éspérance nous mangerions le peu que nous avions de refte; & qu'après avoir attandu envain, nous ferions enfin obligés d'avoir recours à nos propres forces, & de nous expofer au péril que nous penfions fuir. Après une conteftation qui dura une demi-heure on convint de s'en rapporter à l'opinion du plus ancien, & celui-ci dît qu'un plus long féjour dans cette fatale demeure acheveroit de nous confumer: qu'il ne faloit que deux ou trois jours pour nous rendre incapables de conduire notre radeau; c'eft-pourquoi il concluoit qu'il ne faloit plus différer. Ce dernier avis fut fuivi: on employa le refte du jour à renforcer le radeau, & le lendemain après avoir bien déjuné du refte de la peau du bufle, & fait bonne provifion de feuilles, nous nous mîmes fur le radeau.

Nous avions fait d'une chemife une petite voile qu'un petit vent frès fît d'abord enfler, & en moins d'une demi-heure nous paffâmes la fauffe marée qui fe fait fentir ordinairement autour des Iles. Peu de temps après le vent tomba, & la voile étant inutile, nous nous fervîmes de nos rames. Nous n'allâmes pas loin fans avoir befoin de manger; c'eft-pourquoi nous jetâmes l'ancre, dont le fuccès fut auffi hureux que fi elle eût été de fer. Quand nous jugions que la marée ne nous pouvoit nuire, nous la levions & mettions la voile; & de cette maniére nous nous éloignâmes de l'Ile jufques à la perdre de vuë. *Départ de l'Ile.*

Le lendemain nous découvrîmes les deux Iles dont le maître nous avoit parlé; & profitant des inftructions qu'il nous avoit données, nous allâmes fi loin que nous les paffâmes auffi. Six ou fept heures après, nous çrûmes voir la Terre ferme, & nous la voyions en-effet, mais nous en étions affés loin; & dés que nous la découvrîmes la marée nous devint contraire. Nous jetâmes donc l'ancre avec une crainte inexprimable que la corde ne vînt à rompre, car c'étoit fur quoi nous fondions toute notre efpérance; & durant ce temps-là un des plus affamés propofa d'augmenter la pitance puifque nous étions fi proches de Terre. Bienque les autres fuffent auffi foibles que lui, ils ne furent pas de fon avis, alléguant qu'il ne faloit qu'un coup de vent pour rompre la corde qui tenoit à l'ancre,

cre, & pour nous jeter en pleine Mer. Il falut donc se contenter de tres-peu de chose, & attandre paisiblement le succès de notre entreprise.

Comme nous n'avions point de Compas? le Soleil & les Etoiles nous servoient de guides, & par leur moyen nous distinguions de jour & de nuit les gisemens & situations de notre radeau. Le lendemain ayant vent & marée pour nous depuis le matin jusqu'au soir, nous approchâmes fort prés de Terre, mais nous ne pûmes gagner le rivage. Il falut jeter l'ancre & passer encòre une nuit avec beaucoup d'incommodité & de crainte, les Courans étant fort rapides.

Le jour suivant le temps nous fut si favorable que nous prîmes Terre de bonne heure. Nous laissâmes le radeau à l'ancre, dans le dessein de le retrouver, en-cas que le pays où nous étions ne fût pas celui que nous cherchions. Aprés avoir marché quelque temps nous trouvâmes deux chemins, l'un qui étoit le long du rivage, l'autre, le long de la riviére de *Sondiep*, & ces deux chemins étoient opposés. Nous connoissions si peu l'un & l'autre que nous ne savions lequel prendre; & après avoir épuisé toutes nos raisons nous marchâmes au hazard vers la riviére & nous trouvâmes dans le bon chemin. La faim, le froid & les fatigues nous avoient si fort affoiblis, que nous ne pouvions faire vint ou trente pas sans nous reposer; ainsi nous avancions fort peu, & nous marchâmes plus de trois heures sans rencontrer personne qui nous pût mettre l'esprit en repos. Peuaprès nous vîmes des arbres dont il sembloit que les branches vinssent d'être coupées. A vint pas delà nous vîmes une Barque dont nous nous aprochâmes; & dés que ceux qui étoient dedans nous apperçurent ils vinrent vers nous. Cette facilité nous troubla; & nous ne pûmes les voir venir sans être appelés, que nous ne les crussions d'humeur à nous faire quelque avanie.

Nos Voyageurs en terre ferme.

Notre frayeur redoubla merveilleusement quand nous les vîmes descendre à Terre au nombre de six chacun le couteau à la main. Lorsqu'ils furent assés près de nous pour connoître que nous n'étions ni en état ni en humeur de les insulter, nous leur montrâmes nos bras décharnés, & un reste de la peau du bufle. Quoiqu'il y en eût peu, c'en étoit assés pour empoisonner les moins délicats; aussi ces gens quelque brutaux & grossiers qu'ils fussent, firent cinq ou six pas en arriére en se bouchant le nez, & nous menaçant avec leurs

leurs couteaux. A leurs gestes nous reconnûmes qu'ils nous prenoient pour des gens de mauvaise foi, pour des hipocrites & pour des trompeurs. C'estpourquoi nous nous hâtâmes de leur montrer des feuilles d'arbres, & de leur faire comprendre par signes que c'étoit notre nourriture. Ils nous entendirent, ils se rapprochérent, & tous émus de compassion ils se frapérent la poitrine, & levérent les yeux au Ciel. Lorsqu'ils se furent radoucis nous leur marquâmes le besoin que nous avions d'eux pour nous mener au prochain village. Ils consentirent à nous faire cette amitié pourvuqu'on leur payât leur voiture. J'admirai dans cette rencontre combien les hommes sont intéressés, & le peu de penchant qu'ils ont à s'entreaider les uns les autres. Ces Barbares nous voyoient tous nus, car nous n'étions couverts que de quelques méchans morceaux de toile: nous étions comme des squélettes, & n'avions nullement la mine d'avoir ni sou ni maille. Deplus ces gens nous témoignoient avoir pitié de nous qui étions étrangers, affligés, & apparemment dénués de tout. Avec tout cela sans argent nous n'en eussions eu aucun secours; & nous vîmes bien que sans ce metal la Terre ferme n'eût pas été meilleure pour nous que l'Ile Infortunée où nous avions si long-temps souffert. On convint donc de leur donner quelque chose, & on laissa le soin au plus vieux de faire marché pour toute la bande. Celui-ci offrit une piéce qui revenoit à un écu de notre monnoie. Les Bengalois nous firent entendre qu'il leur en faloit dix, & qu'àmoins de cela ils ne pouvoient se détourner de leur ouvrage. On leur en offrit encore une, puis une troisiéme; & tout cela n'étant pas capable de les ébranler, notre vieillard leur montra ses poches vuides pour tâcher de leur insinuer que c'étoit tout ce qu'il avoit. Cette feinte nous réussit, mais mal-apropos pour nos voituriers, à qui de bon cœur nous eussions donné mille francs pour nous porter en quelque lieu où nous pussions nous remettre un peu des fatigues passées.

Lorsque nous fûmes dans la Barque, nous leur fîmes signe de nous donner quelque chose à manger; ils répondirent qu'ils ne le pouvoient sans argent: on leur donna encore un écu; & pour cela le plus vieux d'entre eux nous mit dans un linge environ plein la main de ris, & un Pisang grand comme le doit. Chacun de nous étendit la main d'un air âpre & avide qui fit craindre au distributeur que sa poignée de ris ne fût cause de quelque desordre.

Il se retira donc & en fit huit portions égales. Il fit le même du Pisang qui est un fruit passablement bon ; & quoique ce ragoût ne fût pas grand chose, nous le trouvâmes si délicieux au-prix des saletés que nous mangions depuis un mois, que nous en souhaitions plein la Barque ; encore ne pensions-nous pas que ce fût assés pour nous rassasier. Les Négres s'étant apperçus que nous avions encore de l'argent profitérent de l'occasion ; & cessant de ramer nous firent signe que nous n'avions pas assés donné, & que si nous voulions qu'ils avançassent il faloit encore quelques piéces. On leur en offrit une & ils donnérent dix ou douze coups d'avirons, après quoi ils se reposérent. On leur en donna encore une, ils firent les mêmes efforts, & c'étoit toujours à recommencer ; eux ne se lassant point de demander, ni nous de donner, tant nous avions de peur de n'être pas assés tôt à Terre.

En nous reposant de la sorte nous vîmes passer deux autres Barques qui joignirent la nôtre & qui firent le même chemin. Leurs gestes faisoient assés voir que c'étoit de nous qu'ils parloient, & leur entretien dura long-temps. Ensuite ils descendirent à Terre comme pour résoudre plus commodément ce qu'ils feroient de nous. Ils contoient l'argent qu'ils avoient reçu, & nous regardoient d'une maniére qui nous fit craindre le succès de leur conférence.

Après avoir attandu une heure dans la Barque, deux de nos Compagnons en sortirent pour les prier de leur montrer où étoit l'eau douce. Dès que les Négres les apperçurent, un d'entre eux les prit par le bras, & les fit rentrer dans la Barque. Cette brutalité nous fit croire qu'ils n'étoient-là que pour résoudre des moyens de nous égorger pour avoir notre argent ; & dans cette pensée nous nous disposâmes à la mort. Ce ne fut pas néanmoins sans peine, & sans trouver un peu étrange que le Ciel s'obstinât si fort à nous persécuter. Depuis que nous crûmes qu'ils avoient formé le dessein de nous néyer, il nous tardoit qu'ils ne l'éxécutassent ; & il nous sembloit que la mort seroit infiniment plus douce que la faim qui nous tourmentoit. Enfin après avoir souffert durant deux ou trois heures ce que souffrent ceux qui attandent qu'on les vienne égorger, les trois Barques se séparérent & nos voituriers revinrent à nous, poursuivirent leur route, & pour une piéce d'un écu ils nous donnérent plein un pot d'eau douce.

ce. Nous en bûmes tous avidement, & avec d'autant plus de plaiſir qu'il y avoit un mois que nous n'avions bu que de l'eau ſalée. Depuis que nous fûmes remplis d'eau, la faim ne nous preſſa plus tant, & nos eſtomacs commencérent à nous donner un peu de repos.

Cependant nos guides nous firent entendre que vint de nos Compagnons étoient dans le prochain village; & pour cette bonne nouvelle nous leur donnâmes encore un écu. Depuis ce moment ils ſe hâtérent de nous menér où ils étoient; & en entrant dans le village deux de nos guides vinrent avec nous chés le Gouverneur, aux piés duquel ils mirent les trois écus dont nous étions convenus pour notre voiture, après avoir touché par trois fois de la tête & des mains la Terre, en diſant *Salamabéta* c'eſtadire *paix ſoit avec vous*. Le Gouverneur nous reçut fort bien, & nous fit ſigne de reprendre l'argent qui étoit à ſes piés. Nous lui fîmes comprendre que ſes gens l'avoient bien gagné, & que nous ne voulions pas les priver de leur ſalaire. Enſuite il donna ordre à deux ou trois de ſes domeſtiques de nous mener au logis de nos Compagnons, qui nous ayant apperçus de loin vinrent audevant de nous, & témoignérent une grande joie de nous revoir. Il y avoit cinq jours que ceux qui étoient demeurés dans l'Ile aprés nous étoient dans ce village; & il y en avoit davantage que les cinq qui s'étoient ſervis d'un radeau auſſi-bien que nous, y étoient arrivés avec le ſecours de quelques pêcheurs qu'ils avoient rencontrés.

Auſſi-tôt qu'ils nous virent ils s'empreſſérent à nous bien traiter; & peutêtre euſſent-ils mieux fait de ne point donner à des gens qui avoient jeûné ſi long-temps, de tant de ſortes de viandes & en ſi grande quantité; car ſans le piſang & le miel qui nous ſervirent d'entremêts & de medecine, je croi que nous euſſions tous crevé. Cette opération fut ſi hureuſe que toutes ces viandes ne nous cauſérent aucune incommodité; & ce qu'il y avoit de ſingulier, c'eſt qu'encore que nous mangeaſſions beaucoup & ſouvent, nous avions le même appétit, & toujours également faim.

Deux jours aprés que nous fûmes-là, le Gouverneur jugea apropos d'envoyer les prêmiers venus au Bureau de la Compagnie, pour informer les Officiers du naufrage de leur vaiſſeau; Et il leur fit dire par ſon Trucheman qu'ils ne manquaſſent pas de faire de grandes proviſions, parceque le voyage étoit de plus de deux cens lieuës;

qu'outre cela ils marcheroient cinq grandes journées dans un pays stérile & desert; & que celui qu'on trouvoit ensuite, n'étoit guéres ni plus fertile ni plus habité. Cette nouvelle alarma ces pauvres gens, qui n'étoient encore ni bien remis de leurs fatigues, ni entiérement rassasiés: & il sembloit même que plus ils mangeoient, plus ils avoient envie de manger. Nonobstant cela il falut partir, & ils n'y répugnérent pas pour les raisons que nous avons dites. Pour nous qui étions les derniers venus, aprés avoir donné les trois ou quatre prémiers jours au répos & à la joie, je m'informai par quelle avanture nos Compagnons étoient sortis de l'Ile Infortunée, & l'on me conta ce qui suit.

Comment ceux qui étoient demeurés dans l'Ile, en sortirent.

Aprés nous avoir dit adieu ils se retirérent au lieu ordinaire, & comme il étoit tard ils tâchérent de reposer. Le lendemain s'étant apperçus qu'on leur avoit pris leurs provisions, ils en eurent autant de douleur que si on leur eût ôté la vie. Dans le fort de leur affliction ils levérent les yeux au Ciel, & demandérent à Dieu avec toute l'ardeur dont les affligés sont capables, qu'il les délivrât de cette misére. Chacun ensuite eut recours aux feuilles, mais ce ne fut pas sans gémir de se voir réduits à ce triste mêts.

Sur le soir il y en eut deux qui en s'entretenant de leur mauvais sort, se trouvérent insensiblement à la pointe de l'Ile d'où ils découvrirent des Pêcheurs. Dés qu'ils crurent en être vus, l'un des deux rompit une branche d'arbre où il attacha un morceau de toile pour servir de signal qu'il y avoit quelqu'un dans l'Ile. Les Pêcheurs s'approchérent, & baissérent la voile à un jet de pierre du rivage. Après un quart d'heure de consultation, ils s'approchérent un peu plus près, & demandérent aux nôtres en Portugais quelles gens ils étoient. On leur répondit en la même Langue, & après avoir satisfait à tout, les Pêcheurs descendirent à Terre où ils attachérent leurs trois Barques. Ils étoient tous armés, les uns de dars & de javelots, & les autres d'arcs & de fléches; & quoiqu'ils vissent bien que nos gens n'avoient pas la mine de les vouloir surprendre, ils usérent de précaution & leur demandérent leurs armes. Nos gens qui n'avoient que leurs couteaux, les jetérent à Terre sans hésiter & un des Négres les amassa. Ensuite ceux-ci s'approchérent, demandérent à voir les autres, & combien ils étoient? Depeur que le nombre n'effrayât les Négres, les nôtres dirent qu'ils n'étoient que sept & qu'ils aloient les leur faire voir.

Ceux

Ceux qui les guidoient ravis de ſe voir ſur le point d'être délivrés, éclatérent à l'entrée du Bois, & jetérent des cris qui cauſérent une équivoque. Leurs Compagnons qui les entendirent crurent qu'on leur crioit *arrête*, & que quelque bête étoit bleſſée. Chacun à ce bruit s'arma d'un bâton & courut de toute ſa force vers le lieu où les voix ſe faiſoient entendre. Quand les Négres les virent ſi ardens & ſi échauffés, ils s'imaginérent qu'ils étoient trahis, & dans cette ſurpriſe ils tirérent quantité de fléches dont nul des nôtres ne fut atteint. Ceux-ci ſe voyant attaqués par des viſages qu'ils prenoient pour les miſérables eſclaves qu'ils avoient vus de l'autre côté deux jours après qu'ils furent dans l'Ile, ſe figurérent que la faim les avoit pouſſés-là, où trouvant nos gens à leur avantage, il les avoient voulu maſſacrer. Dans cette penſée ils s'animérent de telle ſorte, qu'ils étoient réſolus de les mettre en piéces quand leurs carquois ſeroient épuiſés. Les deux qui étoient près des Négres s'étant apperçus de la mépriſe de leurs Compagnons, leurs criérent qu'ils ſe trompoient; qu'ils ſe défiſſent de leurs bâtons, & qu'ils approchaſſent hardiment. Ceux-ci obeïrent, & en approchant ils demandérent par ſignes aux Négres s'ils avoient dequoi manger, & qu'ils ſe hâtaſſent de leur en donner. L'un des Pêcheurs répondit en bon Hollandois que leurs beſoins étoient évidens; qu'on leur donneroit ce qu'ils ſouhaitoient, mais qu'il faloit auparavant qu'on leur mît en main toutes les armes de l'Equipage, & on leur donna ſans répugnance juſques aux couteaux.

Les Pêcheurs ne craignans plus rien, donnérent à nos gens un peu de ris cuit, qui fut mangé ſi avidement que les prémiers en demeurérent tout ſurpris. Cependant les nôtres impatiens de ſe voir hors delà, demanderent aux Négres s'ils vouloient bien les en tirer, & ceux-ci y conſentirent pourvu qu'on payât la voiture, allégans qu'ils étoient pauvres, & qu'ils ne pouvoient ſans s'incommoder les porter à Terre pour rien. Comme les nôtres avoient de l'argent on fut bientôt d'accord du prix, & l'on convint de leur donner quatre écus pour chacun, puis les Pêcheurs s'occupérent tout le jour ſuivant à renforcer leurs Barques qu'ils diſoient être trop légéres & trop petites pour tant d'hommes. Pour ce qui eſt des vivres, ils dirent qu'ils avoient aſſés de ris pour eux & pour les Hollandois; & qu'ils eſperoient prendre du poiſſon en aſſés grande quantité pour raſſaſier les plus affamés. C'étoit la meilleure nouvelle

velle que puſſent apprendre ces derniers ; auſſi en eurent-ils une joie extraordinaire ; & dés ce moment il y en eut qui demandérent plein leur chapeau de ris, ce qu'ils obtinrent pour le pris d'un demi écu. Pendant que les Négres pêchoient, nos gens faiſoient cuire le ris qu'ils leur avoient donné ; & avant qu'il fût prêt, on leur apporta du poiſſon, & ce qu'il faloit pour l'apprêter. Le ſoir avant que de nous coucher, le maître ordonna ſecrettement que nos gens veillaſſent l'un aprés l'autre, pour empêcher que les Négres ne les inſultaſſent ; & ceux-ci de leur côté prirent la même précaution.

Nos Voyageurs arrivent à un village.

Deux jours aprés, les Pêcheurs les avertirent de ſe tenir prêts pour partir la nuit ſuivante ; & dès que l'on fut embarqué, les Pêcheurs ramérent avec tant de force, qu'ils furent bientôt à leur village. Dés qu'ils eurent mis pié à terre, ils menérent nos gens chés le Gouverneur, qui leur fit bon accueuil, & qui dépêcha deux ou trois Barques chargées de vivres vers ceux qui étoient ſur le radeau. Aprés avoir donné cet ordre, il les fit aſſeoir autour de lui ſur une grande nate, où les Pêcheurs mirent les armes dont ils s'étoient ſaiſis pour leur ſûreté ; & l'argent donné pour le paſſage. Le Trucheman du Gouverneur leur dît de ſa part qu'il faloit qu'il les repriſſent ; mais ils ne reprirent que leurs armes, alleguans qu'il n'étoit pas juſte que ces pauvres Pêcheurs fuſſent fruſtrés de leur ſalaire. Dés qu'ils furent aſſis, un Eunuque dit que la plupart des femmes du Gouverneur avoient envie de voir les plus jeunes des Hollandois, & ils leur furent envoyés. Le lieu où ils entrérent eſt un grand eſpace diſtingué par pluſieurs petits appartemens, au milieu deſquels eſt une cour où l'Eunuque les fit entrer. Apeine y étoient-ils qu'ils furent entourés de ces femmes, dont les unes leur prenoient le nez ; les autres leur pinçoient les jouës. Celles-ci les déboutonnoient pour voir & toucher leurs eſtomacs : celles-là leur paſſoient doucement la main ſur le viſage en les regardant d'un euil tendre ; & il n'y en avoit pas une qui ne témoignât ſouhaiter que ces deux jeunes hommes demeuraſſent là quelques heures ; mais le fâcheux Eunuque ſortit & leur fit ſigne de le ſuivre. L'orſqu'ils eurent joint leurs Compagnons, ils furent menés tous enſemble dans l'Auberge des Etrangers. Le lendemain qui étoit un jour de marché le Gouverneur les alla trouver, leur chan-

changea leur argent en certaines petites coquilles qui eſt la monnoie du pays, & leur aida à acheter les choſes néceſſaires afin qu'on ne les trompât pas.

Le reſte du jour fut employé à faire bonne chére ; & ſur le ſoir le Teneur de livre ayant mis le nez à la porte reçut un coup de pierre dont il fut fort incommodé. Celui-ci ayant fait ſes plaintes, le Gouverneur ſe mit en colére & fit chercher le criminel, qui étoit un de ſes domeſtiques. Après l'avoir aigrement repris, il lui fit paſſer une fléche autravers des narines ; enſuite on lui attacha un tambour ſur les épaules ; & dans cet équipage on le mena devant la maiſon du bleſſé, où après avoir eu quelques coups de foüet ſur les épaules, il fut banni à perpétuité. Voilà l'avanture des quinze hommes qui étoient demeurés dans l'Ile après nous ; voici celle des ſept qui ſ'étoient ſervis auſſi-bien que nous d'un radeau pour en ſortir.

Comment ſept de nos Voyageurs quitérent l'Ile Infortunée, & les avantures qui leur arrivérent.

Comme ils n'avoient point d'ancre ; durant cinq jours & autant de nuits il lutérent inutilement contre la force des Courans qui les jetérent contre un banc de ſable. Ce banc occupoit un grand eſpace, où ils crurent d'abord qu'ils trouveroient de l'herbe & des feuilles dont ils pourroient vivre quelque temps, ne leur reſtant plus rien de ce qu'ils avoient pris dans l'Ile. Cette opinion ne leur dura pas, car après avoir bien cherché, ils ne virent en nul endroit qu'un peu de fiente de Bufle qu'ils amaſſérent avec ſoin. Il y avoit deux jours qu'ils ne vivoient que de la mouſſe que le flot de la Mer fait naître ſur le bois qui en eſt frapé. Ainſi leurs eſtomacs étant accoutumés aux ordures, cette derniére leur parut fort bonne, & ils ne ſe plaignoient que de n'en trouver pas aſſés.

Cette fiente leur dura trois jours, & au bout de ce temps ils ſe trouvérent tous ſi foibles, qu'ils ne pouvoient plus ni ramer, ni ſe tenir debout qu'avec peine. Un de la Troupe faiſant réflexion ſur la néceſſité de mourir en ce triſte lieu : *Que vous enſemble* dît-il à quatre autres qui l'accompagnoient, *faut-il que nous mourions tous de faim ? & ne ſeroit-il pas plus juſte que quelques-uns fuſſent ſacrifiés pour les autres ? Il eſt vrai que la Loi ordonne d'aimer ſon prochain, & qu'elle défend l'homicide : mais eſt-il rien qui nous ſoit plus proche que nous-mêmes ; & ce précepte de prohibition ne ſemble-t-il pas nous inſinuer que tout eſt permis pour conſerver l'être que la Nature nous a don-*

Propoſition de manger quelqu'un de la Troupe.

donné ? J'ai pour garant tout ce qui a vie, les grans poissons mangent les petits, & le moindre petit insecte fuit par un instinct naturel les approches de son ennemi. La mort nous talonne s'écria-t-il; *de tous nous ennemis, c'est le plus terrible & le plus cruel. Pourquoi ne lui pas opposer le seul obstacle qui nous reste ? Tuons les plus foibles d'entre nous, la Nature nous le conseille, & je ne voi pas que vous puissiez éluder mon raisonnement ?*

Faux raisonnement, faux principe, reprit un de ceux à qui il parloit, *la défense de tuer personne est si expresse dans la Loi, que nulle raison ne nous en dispense. Ces paroles* Tu ne tueras point, *sont formelles & ne souffrent nulle exception, & sans user de plus long discours pour vous faire voir que vous vous trompés, sachez que si vous continuez dans un si pernicieux dessein vous devenez l'ennemi de Dieu & des hommes.*

Cet honnête homme qui se nommoit *Adrien Raas* eut beau précher ce cœur endurci, ses raisons furent mal reçuës, & on lui opposa toujours que l'extrême nécessité n'étoit sujette à aucune loi. Les trois autres qui s'étoient trouvés à cette funeste harangue se laissérent persuader, & se préparérent tous ensemble à pousser à bout leur résolution. Adrien Raas qui s'en apperçut alla avertir les deux victimes de ce qui se tramoit contre elles. A cette nouvelle ces misérables se lamentérent de telle sorte que leur ami leur promit de les assister. Dés ce moment il les mena dans un lieu écarté, où il leur aida à faire d'eux fosses pour s'y cacher pendant la nuit, qui étoit le temps destiné à ce sacrifice sanglant. Par ce moyen leur dessein ne réussit pas; c'estpourquoi ils prirent d'autres mesures & en usérent comme il suit. Trois des Complices voyant la peine qu'ils avoient à surprendre ceux qu'ils avoient envie d'égorger, jetérent les yeux sur un d'entre eux qui étoit grand, & dans lequel seul ils crurent trouver ce qu'ils perdoient dans les deux autres. Celui-ci étoit pénétrant & il vit bientôt à leurs maniéres que c'étoit à lui qu'ils en vouloient.

Déslors il se tint sur ses gardes, & sans faire semblant de rien, il les flata, les exhorta à bien espérer ; & leur dît qu'il ne doutoit pas qu'il ne passât bientôt quelques Barques; & qu'alors la langue du Pays qu'il avoit apprise à Coromandel où il avoit été soldat leur viendroit fort-apropos. Cette ruse eut un bon succès, on crut qu'étant aussi habile qu'il disoit l'être, il méritoit qu'on le conservât. Adrien Raas qui etoit un homme de paix lui aida à pousser

pouſſer ſa pointe; & quoiqu'il fût que ce qu'il diſoit étoit faux, il ne laiſſa pas de l'appuyer, & de dire qu'un tel homme étoit un tréſor en pays étranger. Un des plus affamés voyant qu'on ne finiſſoit rien, & qu'on détruiſoit tous ſes projets. Hé bien dît-il eſt-ce là le fruit de tant de complots & de veilles, & ne mourra-t-il donc perſonne? qu'on raiſonne comme l'on voudra, mais je déclare qu'il me faut un homme; & que je ne me couche point que je n'en aie fait un bon repas. Trois autres ayant dit la même choſe, Adrien Raas leur remontra qu'ils alloient tomber par leur impatience dans un péché criant: qu'ils y penſaſſent ſérieuſement, & qu'ils attandiſſent encore un peu. Ce n'eſt déja que trop attandu, reprit un des plus déterminés, & les deux qu'on veut maſſacrer ſont ſi peu dignes de la vie, que c'eſt péché de les laiſſer vivre. Adrien Raas voyant que ſes remontrances ne ſervoient de rien leur propoſa de tirer au ſort, que nul de la Troupe n'én fût exemt, & il leur dît que celui ſur qui le Ciel le feroit tomber, ſeroit jugé digne de mort. Sa propoſition fut rejetée, & comme on cherchoit un autre expédient, il y en eut deux qui s'offrirent d'aller chercher Terre, d'où ils promirent d'envoyer du ſecours aux autres le plus promtement qu'ils pourroient. Cet avis plut à toute la Troupe, & pour rendre la choſe plus aiſée, ceux qui demeurérent ſur le banc donnérent aux deux avanturiers preſque tout leur argent; avec quoi ces derniers partirent & arrivérent inopinément à un village de Bengala. Comme ils ne ſavoient où il étoient & qu'ils ne pouvoient ſe faire entendre, ils ne purent indiquer le lieu où étoient leurs Compagnons. Cependant leur mal étant viſible les habitans les traitérent bien durant deux jours, puis on les mit dans une Barque, où on leur fit faire trois cens lieuës pour être préſentés au Général des armées du Grand Mogol.

Huit jours aprés qu'ils furent partis, les cinq miſérables qui les attandoient virent paſſer des Pêcheurs aſſés près du lieu où ils étoient pour en être vus. Ces derniers s'étant approchés à la portée de la voix, les Hollandois preſſérent celui d'entre eux qui s'étoit vanté de ſavoir leur Langue de leur parler, & il leur cria *paï*, *paï*; ces deux mots ne ſignifiant rien les Pêcheurs n'avancérent pas, c'eſtpourquoi les autres ſe repentirent de ne l'avoir pas mangé. Après lui avoir fait des reproches & l'avoir appelé

 cent

cent fois le plus fourbe de tous les hommes, ils se firent entendre le mieux qu'ils purent; & les Pêcheurs en s'approchant leur firent signe de se défaire de leurs couteaux avant que d'entrer dans leurs Barques. Aussitôt qu'ils y furent ils se batirent à qui auroit quelques poissons morts qu'ils apreçurent dans la Barque, & dans ce tumulte il leur tomba quelques sacs d'argent que les pêcheurs regardérent d'un euil d'envie. Incontinant après ils se saisirent de nos malhureux affamés, & après leur avoir ôté jusques aux dernier sou, ils en jetérent trois sur un banc de sable, & deux qui resistoient dans l'eau, en leur disant par ironie que ce bras de Mer étoit Bengala. Ces pauvres gens ainsi maltraités, dépourvus de tout, & hors d'espérance de sortir de ce fatal endroit, se couchérent sur le sable, où ils attandoient à tous momens que la mort vint finir leurs miséres. Après avoir été vint-quatre heures dans cette d'etresse, il passa d'autres Barques, qui apparemment étoient du nombre de celles que le Gouverneur dont nous avons parlé avoit envoyées audevant d'eux. Les Mores approchérent d'eux-mêmes, & firent signe à nos malhureux d'y entrer. Aussitôt qu'ils y furent on leur ouvrit un tonneau de miel qu'on leur abandonna. Ils étoient tous surpris de se voir si bien régalés; & cependant ils appréhendoient qu'on ne les laissât-là; c'est pourquoi la nuit ils remplirent leurs chapeaux de miel, qu'ils cachérent pour l'avenir en-cas que les pêcheurs ne voulussent pas les emmener. Leur crainte néanmoins fut vaine, le lendemain ils furent menés à Sondiep; où le maître & ceux qui l'accompagnoient arrivérent le même jour. Le Gouverneur du village où ils arrivérent les reçut favorablement; eut soin que rien ne leur manquât; & cinq jours après il leur conseilla d'aller porter aux Officiers de la Compagnie la nouvelle de leur naufrage.

Pour nous qui étions les derniers venus nous ne songeâmes qu'à nous reposer, ou plutôt qu'à manger, car jour & nuit nous dévorions & avions toujours la même faim. Notre bonne chére néanmoins n'étoit pas toujours égale, car comme il étoit défendu d'avoir du feu la nuit, nous ne pouvions manger que du ris & des œufs tout crus.

Après avoir été là cinq jours nous priâmes le Gouverneur de nous permettre d'aller à Bolwa où nos Compagnons étoient allés. Dabord il en fit difficulté, ne jugeant pas que nous fussions encore assés

assés forts pour entreprendre un si long voyage; mais quand il vit que nous y étions résolus, il nous fit préparer trois Barques, l'une pour nous porter, & les deux autres pour notre escorte.

La nuit suivante nous arrivâmes à *Anam*, pauvre & misérable village où nous ne pûmes rien trouver. Delà nous renvoyâmes nos trois Barques, & en louâmes une autre jusqu'à Bolwa. A deux lieuës de cette ville nos guides nous menérent à Terre & nous firent faire à pié le reste du chemin. Pendant qu'ils allérent chés le Gouverneur pour l'avertir de notre arrivée, nous achetâmes du lait & & du ris que nous fîmes cuire dans un pot, qui nous fut prêté par des Mores qui parloient Portugais. Il étoit presque cuit losque nos guides revinrent nous dire que le Prince nous attandoit & qu'il faloit partir tout à l'heure. Cette nouvelle nous déplut, car nous avions une faim canine, & nous ne pouvions nous résoudre à laisser à des Etrangers ce que nous avions eu bien de la peine à apprêter. Nous prîmes donc le pot, & le portâmes tour à tour jusqu' à la porte du palais du Prince, où nous mangeâmes avant que d'entrer. Ensuite on nous mena où étoient nos vint Compagnons qui étoient partis long-tems avant nous, & demi-heure aprés nous fûmes tous ensemble introduits dans un salon où l'on voulut voir tout notre argent, afin de nous en tenir conte si nous étions volés en chemin. Ensuite on nous mena au logis qui nous étoit préparé; & par ordre du Prince on nous y servit d'un consommé nommé *Brensie* qui ne se voit que sur la table des grands du pays. Ce mêts se fait d'excellent ris, d'une oye fort grasse & de deux poulets, qu'on presse dans un linge quand ils ont bouilli deux ou trois heures. On ajoûte au suc ainsi séparé de plusieurs sortes d'épiceries; sur tout de la fleur de muscade, du girofle, du succre, du saffran & de la canelle. Ce consommé est si nourrissant, qu'en moins de trois ou quatre jours nous reprîmes notre embonpoint. Avec tout cela nos estomacs n'en étoient pas fort satisfaits, & ils eussent bien mieux aimé une viande moins succulente; mais il faloit nous laisser conduire, & l'on eût trouvé fort étrange que nous eussions préféré un peu de ris sec & du poisson cuit dans l'eau, à ce qui n'est que pour les personnes de la prémiére qualité.

Assemblée génerale des Mores.

Cinq jours aprés que nous fûmes-là, les Etats du Royaume que le Prince avoit convoqués, s'assemblérent devant son Palais, où à mesure qu'ils arrivoient, on les voyoit s'asseoir à la mode des Orien-

Orientaux. Quand tous les Membres y eurent pris place, le Prince fortit du Palais au milieu de fes Gardes, les uns avec l'arc & la fléche, les autres avec le coutelas & le bouclier, & alla s'affeoir comme les autres. Ils furent tous dans cette pofture depuis le matin jufqu'au foir; & ce qu'ils avoient réfolu fut fi peu fecret, qu'une heure après le peuple en étoit informé. Je voulus favoir la raifon d'une chofe fi peu commune, & l'on me répondit qu'on ne faifoit point-là de miftére des affaires d'Etat, foit par coutume, ou par impoffibilité. La raifon eft que les Chrétiens qui font là fort confidérés compofent la Garde du Prince; & bienque ces Chrétiens ne le foient peutêtre que de nom, car ce font des Négres qui font nés fujets du Roi de Portugal; ils font néanmoins eftimés fi braves, qu'on a pour eux un refpect tout particulier; Ainfi les Grands fe font un plaifir de leur amitié; & pour l'obtenir il n'y en a guéres qui ne leur difent tout ce qui fe paffe au Confeil. C'eft par leur moyen que tout eft fu, car comme ces Gardes ont leurs amis; d'heure en heure on fait dans le ville tout ce qui fe fait à la Cour.

Le lendemain le Prince nous envoya dire qu'il nous étoit libre de partir & que les Barques étoient toutes prêtes. Comme c'étoit ce que nous fouhaitions le plus nous partîmes demi-heure après, & arrivâmes fort hureufement à Decka. Les Officiers de la Compagnie nous reçurent parfaitement bien. Nous leur contâmes nos avantures; & ils nous apprîrent le naufrage du vaiffeau nommé le Wéfop vers les Iles des Ananans, où les habitans avoient mangé quarente hommes de l'équipage.

Lorfque nous eûmes fait connoître que nos forces étoient revenuës, le Commandeur nous fit apprêter une Barque pour aller à Ongueli où les Hollandois ont un contoir; mais une heure avant que de partir, le Commandeur reçut une lettre du Général du Grand Mogol, par laquelle il ordonnoit que nous allaffions le trouver. Cet ordre étoit exprès, & quelque répugnance que nous euffions à y obeïr, on ne put nous en difpenfer. On difoit pour raifon que ce Général qui étoit puiffant, menaçoit en-cas de refus, de faire efclaves tous les Hollandois qui fe trouveroient dans les Etats de fon Maître, & qu'il ne falloit pas l'irriter.

Il fallut donc céder à la force, & en nous préparant à un voyage de plus longue haleine que le prémier, on nous dît que ce Général nommé *Nabab* étoit un homme à qui la Fortune avoit tou-

toujours été favorable. Qu'il n'avoit jamais perdu de batailles ni levé le siége devant quelque place que ce fût: & qu'il avoit pris quantité de villes; défait des armées toutes entiéres, & rendu plusieurs Royaumes tributaires du Grand Mogol. Ces prospérités nous firent embarquer de meilleur courage pour suivre les guides qui avoient ordre de nous mener à l'armée que commandoit un si vaillant homme.

Durant trente jours nous allâmes tantôt par mer tantôt par Terre, & passâmes par plusieurs villes presque desertes, les habitans de ce pays-là ayant coutume en temps de guerre de quiter leurs maisons pour suivre l'armée quelque part qu'elle aille. Ces gens sont doux & de bonne foi. Ils n'ont ni ambition ni envie; & bienloin de chercher à s'emparer du bien d'autrui, ils ont peu de soin de leur intérêt & se contentent de peu de choses. Ils sont querelleux & injurieux, mais dans leur plus grande colére ils ne parlent jamais du Diable. Pour les sermens, ils n'en font point que dans les affaires d'importance; & ces sermens sont si inviolables, qu'on s'y peut fier y allât-il de tous les Empires du monde.

Le trente-cinquiéme nous allâmes à bord d'un des vaisseaux du *Nabab*, où nous trouvâmes quatre Anglois, quelques Portugais, & deux hommes de notre Equipage dont nous avons parlé. Delà nous allâmes mouiller près la ville de *Renguémati*, d'où nous joignîmes peuaprès l'armée du Mogol. Le Général que nous saluâmes dans sa Tente nous témoigna qu'il étoit bienaise de nous voir, & un moment après il nous fit donner une grande coupe pleine d'arrak pour boire à sa santé. Cette coupe étoit fermée d'une maniére assés difficile à trouver; aussi étoit-ce pour se divertir que le Général nous la fit donner. Lorsque nous nous en apperçûmes, nous la prîmes tous l'un aprés l'autre avec peu de succès; & nous étions sur le point de l'abandonner, quand il me tomba dans l'esprit que cette coupe n'étant que de bois elle étoit aisée à percer. Je la repris donc & y fis un trou avec la pointe de mon couteau. Comme elle étoit pleine jusqu'au haut, l'arrac en sortit impétueusement, & par ce moyen nous en bûmes tous, & usâmes de la liberté que le Nabab nous avoit donnée en disant, qu'il faloit bien boire & bien combattre. Cette boisson étoit si forte que nous en sentîmes bientôt les effets; nous devinmes gais, libres, & har-

Nos voyageurs joignent l'armée du Grand Mogol.

hardis avec le Général, qui nous fit dire que dans six mois il nous renvoieroit auprès de ceux de notre nation. Il nous accorda en même temps la jouyssance de tout le butin que nous ferions sur les ennemis : nous promit cinquente * roupies pour chaque tête de Portugais que nous lui porterions, & cent pour chaque prisonnier. Ensuite il dît à notre maître de navire qu'il le renvoyeroit vers ses maîtres pour leur donner avis de la perte de leur vaisseau; qu'il pouvoit prendre notre Chirurgien avec lui, & trois garçons de l'Equipage, qui étoient trop jeunes pour suivre l'armée. Cependant l'arrac nous avoit si fort étourdis, que sans considérer que nous étions dans la Tente du Général, nous pensâmes nous battre pour des oranges qu'on nous avoit servies, parceque quelques-uns en avoient pris plus que les autres. Le Général excusa notre impertinence, & se contenta de commander à son Chirurgien de nous emmener dans sa Tente pour y boire modérément.

Nos Voyageurs arrivent à un village.

Le lendemain le Général nous envoya trois cens roupies, & nous assigna certains bâtimens nommés Gourapes, chacun desquels étoit monté de quotorze piéces de canon & de cinquente cinq ou soixente hommes. Chaque gourape étoit appuyée de quatre Kosses: ce sont des bâtimens à rames qui ne servent qu'à remorquer. Ils sont montés de quatre vints hommes. Deplus il y avoit deux vaisseaux, chacun desquels étoit commandé par quatre Anglois; & une Galiote dont les Officiers qui étoient Portugais eurent ordre de nous céder leurs places. La Galiote & les deux vaisseaux avoient chacun cinq cens hommes, & huit Gourapes pour les remorquer. Il y avoit aussi un tres-grand nombre de gros bâtimens de Bas bord, dont la pouppe & la prouë étoient larges, & qui ne portoient point de mâts. Ces bâtimens avoient à prouë trois batteries, dont la plus basse étoit de deux piéces, qui portoient chacune trente-six livres de bale, la seconde de deux piéces, qui en portoient vint quatre, & la troisiéme de deux autres piéces qui en portoient dix. Ils avoient deux batteries à pouppe, chacune de trois piéces par bande, & chaque piécé de huit livres de bale. La plupart des Officiers étoient Portugais, & le Général avoit si bonne opinion des Chrétiens que pour peu qu'un Maure fût de Portugais, il lui donnoit quelque belle Charge surtout s'il se disoit Chrétien. Il

* *La roupie vaut 30 sous de notre monnoie.*

Il y avoit encore plusieurs vaisseaux qui n'étoient chargés, que d'artillerie & de bonnes piéces de canon, afin que l'on n'en manquât pas. On y voyoit principalement de grands bâtimens distingués par petites hutes fort propres, pour les femmes des Grands qui suivoient l'armée. Le Général en avoit cinq cens: ses Conseillers trois cens; & ainsi des autres aproportion de leur qualité & de leurs biens. Toutes ces femmes étoient gardées par des Eunuques à qui l'on avoit tout coupé dés leur jeunesse, & qui avoient beaucoup de crédit auprès de leurs Maîtres. Une infinité d'autres bâtimens chargés de toutes sortes de vivres étoient dispersés dans l'armée, où toutes les choses necessaires étoient en abondance.

Dés qu'on eut ordre de marcher nous cherchâmes les bâtimens que l'on nous avoit assignés, mais j'eus le malheur de m'égarer avec un de mes Compagnons, & nous fûmes huit jours sans nous reconnoître. Ce petit malheur me donna lieu de voir de plus près la Cavalerie & l'Infanterie qui étoient, celles-là de trois cens mille hommes, & celle-ci de cinq cens mille. Le Général étoit au milieu de la Cavalerie, & devant lui marchoient quantité de Trompettes, & de Timbaliers tous montés sur des éléfans. Il étoit suivi de vint de ces animaux, chacun desquels portoit deux petites piéces de canon, deux Canonniers & deux Chargeurs. Ensuite marchoient trois ou quatre mille Moscovites tous montés sur de beaux chevaux. L'Infanterie n'étoit pas moins leste que la Cavalerie, & il y avoit un tres grand nombre d'éléfans sur lesquels on disoit que le Général faisoit fond.

Plusieurs milliers de Chameaux chargés du bagage, étoient suivis de toutes sortes de marchands, d'artisans, de Courtisanes, les uns montés sur des chameaux & les autres sur de chevaux. On nous dît que ce grand Corps coûtoit tous les jours au Grand Mogol plus de cinq millions, dont la plupart étoient payés par les Courtisanes & par les marchands qui suivoient l'armée. Ce que je n'eus pas de peine à croire, parceque je savois qu'en ce pays-là n'y ayant rien à faire dans les villes pendant la guerre, les habitans étoient contrains de suivre l'armée, où par ce moyen on avoit de tout en abondance, excepté la boisson forte, dont l'usage étoit permis aux seuls Chrétiens, parceque les Maures pour peu qu'ils en boivent, sont cruels & sanguinaires.

Après une longue marche nous entrâmes dans le Kosbia, pays si-

Le pays de Kosbia pris par l'armée du Grand Mogol.

situé entre les Royaumes de Bengala & d'Azo, dont le Géneral se rendit maître avec peu de peine. Le Roi d'Azo s'étoit figuré que les murailles de sa Capitale étoient à l'épreuve de notre canon, & il s'y croyoit en sureté ; mais il éprouva bientôt le contraire, nous prîmes sa ville d'assaut, & lui-même fut fait prisonnier. On lui mit au cou un collier de fer d'où pendoient deux grosses chaînes qu'on attacha à ses deux jambes ; & dans cet état il étoit servi par quatre valets. Sitôt que le Roi fut enchaîné, on indiqua au Général certaines caves taillées dans le roc où étoient ses trésors ; le reste fut mis au pillage, & nous pensions tous nous y enrichir, mais tous se trompérent dans leur opinion ; car outre que ces gens-là n'ont pour tout habit qu'un morceau de toile qui leur descend depuis la ceinture jusqu'aux genoux, ils avoient si bien tout caché, qu'il fut impossible de trouver chés les riches non-plus que chés les pauvres, autre chose qu'un pot plein de ris, & une boëte pleine de chaux & de quelques feuilles qu'ils mâchent toujours afin d'avoir la bouche nette. Nous nous attandions si peu à cela, que nous eûmes bien de la peine à croire ce que nous voyions, & notre surprise fut d'autant plus grande, que nos gages ne suffisant pas pour nous entretenir, nous avions fait fond par avance sur le butin de Kosbia. C'est-pourquoi nous ne pûmes qu'avec un déplaisir extrême nous voir réduits à nous contenter de dix écus par mois, les vivres étant extrémement chers, & n'ayant aucune ressource. La raison pourquoi nous avions si peu, c'est que nous étions-là malgré nous, & que nous n'y étions que pour un temps ; aulieu que les Anglois & les Portugais qui s'étoient offerts d'eux-mêmes, & dont le temps n'étoit point fixé, touchoient vint-cinq écus par mois.

Quelques jours après, le Général fit proposer à nos deux Charpentiers de lui construire un beau vaisseau sur un modéle qu'il leur montra : après quoi il leur promit de les remettre en liberté. Ils acceptérent la proposition, ils furent envoyés à Déka, où il entreprirent la construction du vaisseau qui plut au Géneral & celui-ci leur tint parole.

On nous demanda en même temps si quelqu'un de nous vouloit accepter le Gouvernement du Château d'Agra, & pour nous y inciter, on nous promit qu'on nous y traiteroit en Princes ; mais toutes ces belles promesses ne nous tentérent nullement, & quoiqu'on qu'on dît que c'étoit un grand avantage, ce n'en étoit pas un pour des gens qui ne pouvoient vivre parmi les Maures, & qui craignoient que cet emploi ne les attachât en-sorte qu'ils ne pussent plus sortir du pays.

Comme le Genéral étoit un homme d'expédition, incontinant après la défaite du Roi d'Azo, il se hâta de passer sur les Terres du Roi d'Assam qui étoit un des principaux ennemis du Grand Mogol. On dit que ce Roi étant averti de sa marche plaignit le peu de jugement de ce pauvre vieillard, & qu'il s'étonnoit qu'avec huit cent mille hommes seulement, il entreprît de faire ce que n'avoient pu deux millions d'hommes. En-effet il sembloit qu'il y eût un peu de témérité dans notre entreprise & que l'exemple d'une si prodigieuse armée qui venoit de périr au même endroit où nous allions, dût intimider notre Général. Mais bienloin de craindre dans ces occasions, la difficulté du péril irritoit son courage: & depeur que l'eau qui inondoit tous les six mois plus de la moitié de ce Royaume n'arrétât ses projets, il avança à grandes journées, & se rendit avant ce temps-là où il avoit envie de se voir. Dés que nous fûmes dans le pays de l'ennemi, la consternation fut générale; & la bonne opinion que tout le monde avoit du Nabab, fit résoudre une infinité des sujets de l'ennemi à se jeter de son côté comme le meilleur & le plus sur: mais la chance tourna peuaprés, & la bonté de nos ennemis ne fut pas de longue durée.

Sur ces entrefaites les Anglois & nous ayant remarqué tous les signes d'une prochaine tempête, nous regardâmes avec attention si l'étoupe étoit bien poussée dans toutes les fentes du bordage de notre Bâtiment, & en bouchâmes toutes les jointures avec des planches, des plaques de plom, des piéces de bois, & d'autres matiéres propres à le tenir sain, étanché, & franc d'eau: Mais tout cela n'empêcha pas que notre Galiote ne pérît. Comme elle n'étoit point lestée les Courans la renverférent; & ce qui hâta notre perte, ce fut la sote & extravagante curiosité d'un matélot qui en étoit le Chef. Cet homme pour mieux éprouver ce que pouvoit ce bâtiment, voulut qu'on fît force de voiles & dés qu'on lui eut obeï la riviére nous engloutit. Il y avoit assés prés de nous des bâtimens qui eussent pu nous secourir si la coutume l'eût permis; mais en de semblables rencontres les Maures n'assistent personne, non pas même leurs proches parens, ni leurs plus intimes amis. Par bonheur néanmoins il se trouva une femme forte & bien faisante, qui voyant cinq Hollandois sur le point de se néyer, approcha d'eux à force de rames, malgré deux hommes qui l'en empêchoient, & les reçut dans son bateau.

La largeur du Gange est inégale ; étant en quelques endroits d'une demi-lieuë, d'une lieuë, & d'une lieuë & demie : si-bien que lorsque le vent est grand, cette riviére a des lames & des houles comme la Mer. Il perit dans ce naufrage quatre Hollandois & vint-six Maures ; & j'eusse été du nombre de ces malhureux, si après avoir nagé inutilement plus de quatre heures vers la Terre, je ne m'étois trouvé auprès d'un vaisseau commandé par les Anglois. Dés que je me fus fait connoître, ils envoyérent à mon secours plus de soixente hommes qui me firent passer dans leur Barque, où ils m'échaufférent le mieux qu'ils purent. Ensuite on me mena au vaisseau où je trouvai un de nos gens de qui les Anglois avoient eu la même compassion. Le lendemain nous remerciâmes nos bienfaicteurs, & allâmes à l'armée où nous cherchâmes l'occasion de parler au Général.

l'Auteur sauvé par les Anglois.

C'étoit une assés fâcheuse nouvelle que la perte de sa Galiote, mais nous ne pouvions nous dispenser de la lui dire, car nous n'avions plus de retraite. Quand il la sut il s'emporta d'une si terrible maniére, que nous nous crûmes tous deux perdus. Après quelques reproches d'avoir laissé perdre ce qu'il aimoit, principalement son canon de fonte, il nous commanda de nous retirer, & de nous hâter de choisir tel bâtiment que nous voudrions, parcequ'on attandoit à tous momens la flote ennemie.

Nous fûmes si aises d'en être quites à si bon marché, que nous nous hâtâmes d'obeïr ; ainsi quatre de nos Compagnons choisirent une Gourape, & deux autres & moi une Barque montée de six piéces de canon.

Deux jours après notre Amiral alla audevant de l'ennemi, & toute la flote le suivit. Nous entendîmes en même temps le bruit continuel du canon, d'où nous inférâmes qu'on étoit aux mains du côté de Terre ; mais pour nous, il n'y avoit aucune apparence que nous en vinssions sitôt-là, les vaisseaux ennemis étant encore bien loin de nous, dumoins à ce que l'on croyoit. Quand l'Amiral eut mis la flote dans l'ordre où il la souhaitoit, le Chirurgien du Gé-

Généaal qui étoit de notre nation ému d'un zéle pour la patrie, nous exhorta à soutenir la bonne opinion qu'on avoit de nous ; & à remplir dignement l'idée qu'on avoit conçuë des Hollandois. Il nous représenta que si l'on en venoit aux mains, toute la Flote auroit les yeux sur les Chrétiens, & principalement sur nous qui avions parmi les Maures la réputation d'être braves. Qu'il importoit à la Compagnie que l'on eût de nous cette haute estime, & que nous aurions bonne part à la gloire des belles actions qui seroient faites en cette rencontre.

Après qu'il eut ainsi parlé nous résolûmes d'avancer pour chercher l'ennemi ; & quoique le vent fût forcé nous continuâmes notre route ; & trois ou quatre heures après nous heurtâmes si fort contre le terrain que notre gouvernail sauta. Peuaprès nous le recouvrâmes, & après l'avoir r'ataché nous poursuivîmes notre route. Durant deux ou trois heures nous ne fîmes que ranger la côte, & sur le point de doubler le Cap nous apperçûmes la Flote ennemie qui consistoit en six cens voiles. Encore que nous la cherchassions nous fûmes extrémement surpris de voir si près de nous ce que nous en croyions bien loin. Dés que l'ennemi nous eût reconnu il avança vers nous, & nous l'attandîmes avec assés de résolution, autant peutêtre par nécessité que par bravoure, le vent contraire nous empêchant de reculer. Pendant qu'il approchoit nous nous mîmes à table, & un moment après un plat de viande qu'on venoit d'y mettre fut enlevé d'un coup de canon, qui ne nous fit point d'autre mal que celui de nous ôter une partie de notre pitance. D'abord nous courûmes à notre canon, & depuis cette heure jusques à minuit, il se fit de part & d'autre un feu continuel. Une heure après que l'Ennemi se fut retiré, nous fûmes joints par un Bâtiment qui venoit à notre secours. C'étoit un Maure nommé le Prince Ménorcan qui avoit équipé trente vaisseaux pour le service du Grand Mogol. Ce Prince voyant que notre poste étoit dangéreux, nous commanda d'aller vers lui, & quand il sut que la chose étoit impossible, il nous fit remorquer par deux galéasses qui nous mirent au vent de l'Ennemi. Dés que nous eûmes jeté l'ancre il s'éloigna de nous & promit de revenir le lendemain avec toute la Flote. Il ne pouvoit pas être loin quand nous apperçûmes six voiles qui tâchoient de fondre sur nous. Il y en eut cinq qui ne purent surmonter la force des Courans ; & le sixiéme qui étoit peutêtre plus fin de

Petit choc de nos voyageurs & de quelques-uns des ennemis.

Nos voyageurs prennent un vaisseau sur l'ennemi.

de voiles, s'approcha, se vint mettre en travers du nôtre, & nous donna insensiblement le côté. Sitôt qu'il fut à notre avantage nous sautâmes dedans, & les ennemis nous l'abandonnérent, s'imaginant que nous fussions beaucoup plus de gens que nous n'étions. Ainsi nous eûmes le prémier vaisseau qui fut pris sur l'Ennemi, & les premices du butin. Lorsque nous l'eûmes dépouillé de ce qu'il avoit de meilleur, nous l'abandonnâmes aux Courans depeur d'en être embarassés.

Demi-heure après, huit ou neuf vaisseaux ennemis avancérent encore vers nous, & ce grand nombre nous intimida; c'est-pourquoi nous levâmes l'ancre, nous nous rendîmes au poste avancé qu'occupoient les Hollandois & les Portugais, & ils cessérent de nous suivre. Au point du jour nous trouvâmes que nôtre Amiral étoit encore à une demi-lieuë de nous. Toute la Flote dont les Portugais & les Hollandois avoient l'avantgarde, étoit en bon ordre, & avançoit vers l'Ennemi autant que le pouvoit permettre le peu de vent qu'il faisoit alors. Pour nous les Courans nous étoient contraires, c'est-pourquoi nous fûmes contrains de nous faire remorquer par des Maures qui descendirent à Terre. Cependant un Trompette & dix ou douze Cavaliers venant de la part du Général qui nous croyoit perdus sur de faux bruits qui avoient courus, nous criérent de loin par plusieurs reprises *Sauwas Hollandois*. Le mot de *Sauwas* signifie courage, & nous voyions bien à leur mine qu'ils le répétoient de bon cœur. Quand ils nous eurent joints ils nous apprîrent que le Général avoit passé une mauvaise nuit sur le faux rapport que lui avoit fait un Maure de la perte des Hollandois, des Anglois, & des Portugais; mais qu'il l'auroit euë encore plus mauvaise, si son Conseil mieux inspiré, ne lui eût fait voir que cette nouvelle étoit peu vrai-semblable. Ils retournérent donc vers leur Maître, qui sachant ce qui se passoit, fit couper la langue au misérable qui lui avoit donné cette allarme, & foüeter d'un foüet nommé *Chamboc*, dont chaque coup fait dans la peau le même effet qu'un coup de rasoir.

Malgré la force des Courans, & le grand avantage que les Ennemis avoient sur nous, nous trouvâmes moyen de passer au vent de trois cens de leurs vaisseaux; & dés ce moment nous fîmes un feu continuel de notre canon. En quoi nous fûmes bientôt secondés des Anglois & des Portugais, & une heure après, de toute

la

la Flote. Lorsque l'Ennemi la vit approcher, il fit de si grands cris qu'il sembloit que tout dût périr. Il ne laissa pas de se bien défendre, & durant trois heures on se battit de part & d'autre avec une égale vigueur. Depuis ce temps-là cette grande ardeur se ralentit de l'autre côté; les ennemis reculérent insensiblement, & comme on les poussoit toujours avec la même impétuosité, ils abandonnérent leurs bâtimens, & descendirent à Terre, où se voyant suivis de plus près qu'ils n'avoient pensé, ils tâchérent mais vainement de se saisir d'une haute digue; car nous les poussâmes si vivement, qu'ils demeurérent tous sur la place, l'ordre étant de faire main basse & de ne donner point de quartier. Nous prîmes trois cens de leurs Bâtimens, le moindre desquels étoit monté de soixente & dix-hommes; & de tout ce grand nombre il ne s'en sauva pas cinquente que le Roi outré que ses ordres eussent été mal suivis, condanna au dernier supplice.

Victoire de l'Armée du Grand Mogol.

Ceux qui furent trouvés avec quelque reste de vie, furent attachés à des pôteaux, où les goujas les achevérent à coups de fléches. Ainsi périt cette nombreuse & puissante Armée, dont apeine resta-t-il un homme pour porter la nouvelle de la perte de tous les autres. Un des plus hureux fut l'Amiral, qui s'étant déguise afin de n'être pas reconnu, ne laissa pas de l'être; On le fit prisonnier, mais le Général le relâcha à l'instance de quelques-uns de ses principaux Officiers. Pour le butin, il ne fut pas grand, & il ne consistoit qu'en poudre, en plom, & en quelques piéces de canon dont nous nous pourvûmes sans opposition suivant les articles de notre accord.

On dît que la faute de l'Amiral qui venoit de perdre la bataille étoit d'autant moins pardonnable, que ce Chef d'Armée avoit négligé les ordres de son Roi. Ce Prince lui avoit commandé d'aller avec ses six cens voiles nous attandre audessous de la ville de Goëati. C'étoit un poste aisé & commode pour nous couper les vivres & nous enfermer dans le pays; mais il avoit mieux aimé suivre ses lumiéres, dans la pensée que les hurlemens de sa Flote nous épouventeroient, ce qui avoit mal réussi.

Les trois cens bâtimens qui avoient trouvé moyen de s'enfuir, eurent le malheur d'aller mouiller à un quart de lieuë du Général qui avançoit à grandes journées dans le pays. Aussitôt qu'il sut où ils étoient, il fit pointer de leur côté deux ou trois cens piéces de canon, & en foudroya plus de la moitié; le reste passa de l'autre côté de la riviére où les nôtres les poursuivirent avec succès. Quelques-uns prirent des détours où les Maures les massacrérent.

La Flote ennemie étant dissipée, nous passâmes au pié d'un roc escarpé, où étoit bâtie une Forteresse de difficile accès. Elle étoit néanmoins abandonnée, mais c'étoit pour nous attirer plus avant dans le pays. Delà nous nous rendîmes à la ville de *Guéragan* d'où le Roi s'étoit enfui, & notre Amiral alla camper devant la ville de *Lokwa*, située quelque six lieuës audelà. Quelque temps aprés le Général commanda aux chefs de notre Flote de lui envoyer tout l'or & l'argent qui s'y trouveroit, & des provisions pour l'Armée. Et nos Chefs envoyérent sous une bonne escorte six bateaux, deux chargés d'or, & quatre d'argent; mais ces six bateaux eurent le malheur de tomber entre les mains des ennemis; qui dans la furie de la surprise en égorgérent la plus grand' part. Ils réservérent pour se divertir quelques Chrétiens, à qui ils attachérent sous les bras quantité de boûchons de paille mêlés de poudre, & quand ces boûchons étoient consumés ils en remettoient d'autres jusques à ce qu'ils expirassent. Le plaisir des Barbares étoit d'entendre les cris des patiens, qui divertissoient d'autant plus qu'ils crioient plus haut, & qu'ils témoignoient d'impatience. Ceux qui s'étoient sauvés dans le Bois, à force de marcher la nuit joignirent enfin l'Armèe qui avoit déja de la peine à trouver dequoi subsister; & l'eau étoit déja si haute, que l'on étoit presque enfermé.

Le Royaume d'Assam est un pays fertile.

Nôtre campement étoit dans un lieu tout planté d'arbres fruitiers, & semé d'excellént ris. Les montagnes produisent le poivre, le bois d'Agra, de Sandal, & des simples qui sont vendus au poids de l'or. Pour ce métal il n'y est pas rare; & les éléfans y sont si communs, que le terroir tout bon qu'il est ne suffit pas pour les bien nourir; c'est-pourquoi ils sont toujours maigres.

Nous choisîmes dans ce bon pays un lieu propre pour nous retrancher, & coupâmes depeur de surprise tous les arbres d'alentour. Presque tous les jours il se faisoit des détachemens pour tenir la Campagne, & pour avoir des nouvelles de l'Ennemi. Ceux qui tomboient dans nos partis etoient cruellement foüettés, puis on leur coupoit la tête que l'on pendoit dans des panniers à des branches d'arbres. Lorsqu'ils étoient en trop grand nombre pour être

être tous fais prisonniers, on coupoit la tête aux deux tiers ; & l'on pendoit au cou de chacun des autres deux de ces têtes qu'on leur faisoit porter au Camp. Là on les foüettoit cruellement, & quand on les jugeoit sur le point de rendre l'esprit, on leur coupoit la tête, puis on les pendoit comme les autres dans des panniers à des branches d'arbres. Quelques-uns étoient empalés. A d'autres on fourroit dans le corps quatre doubles crochets qui leur déchiroient les entrailles ; & dans cet état on les portoit aux lieux où fréquentoient les ennemis, afin que l'horreur du supplice les incitât à abandonner le plus foible parti.

Si ces supplices étoient cruels, ceux des ennemis ne l'étoient pas moins, car ils faisoient si long-tems languir dans les tourmens nos pauvres prisonniers, que les plus durs en avoient pitié. Après les avoir fait expirer en les maltraitant, ils les attachoient debout sur des radeaux faits exprès, & les poussoient de la sorte le long de la riviére ou vers l'Armée ou vers la Flote, où ils étoient pris de loin pour un renfort qu'on nous envoyoit, & de près ils produisoient un si triste effet dans les esprits, que la plupart ne les pouvoient voir sans abbatement & sans frayeur.

Pour ceux qui se rendoient d'eux-mêmes, bien loin de leur ôter leurs biens, ils étoient caressés & traités fort humainement. On reçut même des Ambassadeurs du Roi des Antropophages ou Mangeurs d'hommes, offrant le secours de son Armée contre les sujets du Roi d'Assam ; mais comme on connoissoit le peu de bonne foi de ces peuples, on ne voulut point accepter leurs offres, & on les assura de la protection du Mogol, en-cas qu'ils ne donnassent aucun secours aux ennemis.

Ces peuples avoient le regard affreux, la démarche fiére, le port terrible, & l'abord de gens qui sembloient dévorer les autres tous vivans. Eneffet ces peuples se nourrissent de chair humaine, & ils feroient scrupule d'enterrer leurs morts qu'ils destinent à un meilleur usage. Ceux qui sont malades ou qui languissent sont assommés & mangés, & c'est toute la charité qu'ils ont les uns envers les autres. Ils ne possédent rien en propre, & ce qu'ils volent aux étrangers ils le portent de bonne foi dans la masse commune où ils ont tous le même droit. Quand nous leur disions que leur vie étoit toute opposée à celle du reste des hommes, & que c'étoit quelque chose de dénaturé que de manger son semblable ; ils répliquoient que l'opinion

Mœurs des Antropofages.

nion & la coutume faisoient trouver toutes choses bonnes ou mauvaises, & que nul homme ne pouvoit pécher en suivant celles qu'il avoit trouvées établies.

Il y avoit dans notre armée certains soldats dont la maxime est de ne reculer jamais, & de mourir plutôt que d'abandonner le poste qu'on leur a confié. Ceux qui meurent de cette maniére sont assurés de leur salut, aulieu que les poltrons sont infailliblement dannés. C'est cette créance qui les rend braves, en quoi ils ne sont peutêtre pas si barbares qu'on s'imagine, des nations plus polies étant coëffées de cette opinion que le plus haut point de la gloire consiste à périr pour leur Prince. Le Général nous avoit dépeins si vaillans, que le seul bruit de notre nom lui valoit une Armée. Les ennemis qui se réfugioient parmi nous avoient tant d'estime de notre valeur, qu'ils nous faisoient place quand nous passions, & qu'ils avoient même du respect pour nos valets. Les Maures avoient la même considération; mais les intrépides dont j'ai parlé gardoient avec nous leur gravité; ils prétendoient dans les rencontres que nous leur cédassions le pas, & nous le cédions pour avoir la paix.

Après les Hollandois, certains Cavaliers Arméniens étoient les plus considérés, tant acause qu'ils étoient Chrétiens, que parce qu'ils avoient soin d'être toujours bien montés, & de se tenir en bon ordre. Notre réputation étant établie de la sorte, l'Amiral crut que nous étions les seuls capables de gouverner l'Artillerie. Il nous fit prier d'en prendre soin, & fit pour nous y inciter de fort belles promesses, mais qui ne nous tentérent point, les engagemens de ce pays-là n'ayant point de charme pour nous. Nous le priâmes donc de jeter les yeux sur quelque autre à qui cet emploi convint mieux qu'à nous qui ne savions pas assés la Langue pour nous faire obeïr, & cette raison le satisfit.

Les Maures chomment la nouvelle Lune.

Chaque nouvelle Lune est un jour de fête pour les Maures, & cette fête commence par une décharge générale de l'Artillerie; aprés quoi on paye les soldats & ce paiement consiste en cinquante roupies ou vint-cinq écus pour chaque Cavalier; quelques-uns en ont cent; d'autres n'en ont que trente, que vint, & que dix. L'Infanterie a tres-peu de chose, & le prêt d'un fantassin n'est chaque mois que de quatre ou cinq roupies. Pour les forçats qui travaillent presque jour & nuit, on ne leur donne rien, ou ce qu'on leur donne est si peu de chose, que la plupart meurent de faim.

Ces

Ces forçats étoient des Indiens qui ne mangent rien de ce qui a vie; & leur superstition estoit telle, que quelque faim qu'ils eussent, ils aimoient mieux mourir que de manger ni chair ni poisson. Leur nourriture n'étoit que de ris, & quand il leur manquoit (ce qui arrivoit fort souvent) ils mouroient gaiement, ne doutant pas que ce genre de mort ne leur procurât la vie éternelle. Ces misérables ne parloient que du mépris de l'abondance, & des mérites de la disette. Ils ne pouvoient comprendre que ceux qui sont hureux dans ce monde, le pussent être dans l'autre; & dans cette pensée ils prenoient leur peine & leur misére comme une marque qu'ils étoient du nombre des Elus.

Les habitans du pays d'Assam sont une autre sorte de superstitieux qui adorent la vache, & qui parconséquent n'en tuent point en quelque extrémité qu'ils soient. On ne voit dans leurs temples que des figures de ces animaux, la plupart d'or & quelques-uns d'argent & de cuivre.

A trois heures du lieu où notre vaisseau étoit à l'ancre nous pillâmes un de ces temples où une de ces vaches d'or nous échut en partage. C'étoit pour ces pauvres payens une douleur amére que de voir enlever à leurs yeux leur plus chére Divinité, & cependant ils nous vendoient de ces animaux à tres-vil prix, car les plus belles vaches ne nous coûtoient que vint cinq ou trente sous. Quel aveuglement disois-je en moi-même! ces peuples vendent leur Divinité; il est vrai qu'il faloit promettre de ne les pas tuer, mais ils savoient bien le contraire; & quand on blâmoit leurs grimaces, ils demandoient si les Chrétiens n'en avoient point, & si leurs actions répondoient à la Religion qu'ils professent.

Comme notre vaisseau étoit éloigné de l'Armée, nous ne savions qu'une partie de ce qui s'y passoit; & quoique nous sussions que la misére y étoit grande, nous n'eussions jamais cru qu'il y fût mort tant de milliers d'hommes si la riviére ne nous les avoit amenés. L'eau fut si infectée par la prodigieuse quantité des morts que l'on y jeta, que plusieurs personnes en moururent; & il en fût mort bien davantage, si on ne s'étoit avisé de faire bouillir l'eau avant que d'en user.

Après un campement de trois mois l'eau ayant toujours été si haute qu'il étoit impossible de sortir de nos tranchées, l'ennemi crut que nous y étions affamés, & parconséquent qu'il étoit facile de de nous défaire. A la vérité la famine y étoit fort grande, & il y avoit plus d'un mois qu'on ne se nourissoit que d'éléfans, de chameaux, & de chevaux qui mouroient tous les jours faute d'avoir dequoi les nourrir. Les ennemis étant donc venus presque assurés de la victoire, notre Général commanda qu'on les laissât avancer comme si tout eût été mort, pendant qu'il fit prendre un grand tour à la Cavalerie pour les enfermer s'il étoit possible. Son stratagéme réussit; dés qu'ils commencérent à nous attaquer, notre Cavalerie leur donna le change; & de tous côtés ils furent surpris & battus de telle sorte, qu'il en demeura plus de vint cinq mille sur la place. Pour nous, nous n'eûmes que dix blessés, & depuis cette attaque les eaux baissérent si sensiblement, que nous eûmes ordre de nous tenir prêts pour livrer la bataille.

Pendant que l'on s'y préparoit, notre Général fit charger quelques chariots de vivres & les envoya au Roi d'Assam, auquel il fit dire que c'étoit un présent qu'il lui faisoit depeur qu'il n'en manquât. Que pour lui il en avoit beaucoup plus qu'il n'en faloit pour faire subsister son Armée plus de six mois. Le but de notre Général étoit d'alarmer le Roi d'Assam, qui méditoit alors de se retirer dans les montagnes, ayant perdu toute espérance de pouvoir résister. Ce Prince pénétra dans le dessein du Général, & vit bien que c'étoit une sommation tacite de se rendre à lui à discrétion; mais il n'avoit garde de s'y fier, & il connoissoit trop son ennemi pour en espérer aucune douceur. Il aima donc mieux lui répondre que sa Personne lui étoit trop chére pour la confier au hazard, mais qu'il étoit prêt de signer toute autre condition quelque onéreuse qu'elle pût être. Cette réponse fit connoître la foiblesse de l'ennemi, & le Général qui étoit outré qu'il l'eût insulté dans ses tranchées, songea à l'en faire repentir. Il proposa donc à son Conseil qu'il avoit dessein de donner bataille, & presque tous en étoient d'avis pourvu qu'on ne différât plus. Entre les plus hardis à ne rien celer de ce qu'il pensoient, il y en eut un qui dît ces paroles: *Seigneur* dît-il au Général, *quand nous sommes venus ici nous avions quatre Armées toutes lestes & en bon ordre, & maintenant il ne nous en reste pas une qui mérite de porter ce nom. De ce grand nombre de soldats qui composoient ces quatre armées, la plupart sont morts, le reste est malade ou languissant; & peutêtre que dans un mois ces malades ne seront plus. A quoi tient-il donc que dés aprésent nous n'allions droit à l'Ennemi? Attandons-*

dons-nous que toutes nos forces soient dissipées ? & ne seroit-il pas plus glorieux à notre Monarque, & plus honorable à un Chef tel que vous Seigneur, d'aller insulter l'ennemi, que de languir ici où un plus long séjour ne peut être que tres honteux. Cet avis fit un bon effet, le Général se résolut d'aller trouver le Roi d'Assam en-cas qu'il refusât de signer les conditions suivantes : assavoir que ce Prince céderoit au Général la moitié de son Royaume, & la plus jeune de ses filles pour Concubine, deux mille éléfans ; quelques millions d'argent contant ; & ses plus beaux vaisseaux chargés d'excellentes racines dont le païs abonde, & qui sont là au poids de l'or. Quoique l'Armée du Général fût dans la derniére misére, son ennemi ne laissa pas d'accepter ces conditions ; & cette paix inespérée nous ouvrit le chemin du Ciel lorsque nous nous croyions perdus, car il est certain que jamais Armée ne fut en plus mauvais état.

Dés que les eaux furent écoulées suffisamment, nous nous hâtâmes de plier bagage pour quitter ce malhureux poste, chargés de fatigues & de butin. Je dis chargés de fatigues, car il est certain que nous étions accablés de-sorte, que pour peu d'effort qu'eût fait l'Ennemi, nous n'eussions fait nulle résistance.

Pour les richesses, nous en étions assés bien pourvus, & nous avions ouvert des tombeaux où il y en avoit une quantité prodigieuse. La coûtume de ces peuples est d'enterrer avec leurs morts leurs plus beaux habits, leurs richesses, & la plupart de leurs valets qu'ils enterrent tous vivans sans que ceux-ci y trouvent à redire. Bienloin de s'affliger de leur sort, ces pauvres gens ont de la joie d'être trouvés dignes de suivre leurs Maîtres en un pays où dans trois jours ils espérent être grands Seigneurs, & joüir de certains plaisirs qui ne se goûtent point ici.

Notre Général fit ouvrir quantité de ces caves où l'on trouva des trésors immenses qu'il emporta, mais dont il ne jouït pas, car il mourut peu de temps après ; & suivant la coutume de l'Empire du Grand Mogol, qui est que ce Prince devient héritier de tous ceux qui meurent sur ses Terres ; les conquêtes du Général qui se montoient à plus de quatre millions, furent ajugés à ce Monarque. Voilà ce que j'ai vu de cette guerre contre le Roi d'Assam, & voici ce qu'en a écrit un Médecin de Montpellier qui étoit alors au Mogol.

Bernier Médecin de Montpellier.

Le Prince Jemla ou l'Emir (c'est ainsi qu'il nomme notre Général)

ral) s'étant signalé en plusieurs rencontres, & ayant chassé Sultan Sujah frére d'Auren-zeb du Royaume de Bengala, supplia le Mogol de lui envoyer sa femme & ses enfans, pour vivre avec eux dans un lieu qu'il avoit choisi, éloigné du bruit & de l'embaras dont son grand âge n'étoit plus capable. Il s'imaginoit que ce Prince dont il venoit d'affermir le Trône en chassant ses freres qui le troubloient dans la possession de l'Empire, ne pouvoit honnêtement lui refuser ce qu'il demandoit. Mais son opinion le trompa, Auren-zeb étoit pénétrant: il savoit que Jemla étoit les délices des soldats, & l'admiration de ses peuples. Qu'il étoit grand homme d'Etat; Grand Capitaine, & le plus riche de l'Empire. Il connoissoit son Ambition, & n'ignoroit pas qu'il aspiroit à voir *Mahmet Emirkan* son fils sur le Trône de Bengala.

D'un autre côté il songeoit qu'il étoit dangéreux de choquer un homme si puissant; ainsi depeur de l'irriter, non-seulement il lui accorda ce qu'il demandoit, mais même il le fit *Mir-Ul-Omrag*, dignité annéxée à la seconde personne de l'Empire. Et pour son fils, il le fit *Bacchis*, ou Général de la Cavalerie la troisiéme charge de l'Etat, mais qui demande que celui qui en est revêtu ne sorte jamais de la Cour. Ce coup étoit d'un homme rusé & consommé dans les affaires: il s'agissoit de couper pié aux projets du Prince Jemla; on ne le pouvoit plus surement qu'en le séparant de son fils; & celui-ci ne pouvoit être dispensé à meilleur titre de suivre son Pére, qu'en l'attachant à la Cour par une charge si éclatante. Jemla vit le but d'Auren-zeb, & ne trouvant d'abord aucun moyen de l'éluder, céda à la nécessité, en attandant que le changement des affaires lui donnât moyen d'avoir par force ce que ses ruses ne lui pouvoient faire obtenir. Ces deux grands hommes se craignoient, & comme ils étoient également forts, ils s'accabloient de civilités apparentes, pendant que l'un & l'autre tâchoient de fortifier leur parti sécrettement. L'année s'étant passée en dissimulations réciproques, Auren-zeb vit bien que l'Emir n'étoit pas homme à se reposer. Il jugea donc qu'il valoit mieux l'occuper au dehors, que de lui donner le temps de troubler ses Etats; & pour le faire plus finement, il proposa à l'Emir de partir pour cette grande expédition dont celui-ci lui avoit autrefois parlé. C'étoit de marcher contre le Raja ou Roi d'Assam, dont le pays est au Nord du Royaume de Deka, qui est sur le Golfe de Bengala. Il est

eſt vrai que l'Emir en avoit parlé à Auren-zeb, qui prévoyant l'éclat qui réſulteroit de ſes Conquêtes, forma d'abord des difficultés, à quoi depuis il ferma les yeux, pour éloigner l'Emir, dont il étoit embaraſſé. Quoique l'Emir ne doutât pas du deſſein d'Auren-zeb, il obeït ſans héſiter, & ſe diſpoſa avec joie à la conquête d'un pays qui devoit achever d'établir ſa réputation. Il s'embarqua donc avec ſon armée ſur une riviére dont la ſource eſt dans ce pays-là; & après avoir fait environ ſoixente lieuës, il arriva au Château d'Azo, que le Raja d'Acham avoit ôté depuis long-temps au Roi de Bengala. L'Emir attaqua cette Place, & l'emporta quinze jours après.

Enſuite il marcha vers Chamdara frontiére du pays d'Aſſam, où un mois après il livra bataille au Roi d'Aſſam qui eut du pire. Ce Prince vaincu ſe retira dans ſa Capitale nommée Guerguon, où l'Emir Jemla l'ayant ſuivi cinq jours après, il ſe ſauva dans les montagnes de Laſſa; & pour le faire plus commodément il ouvrit ſes treſors dont l'Emir augmenta les ſiens.

Ces montagnes n'étant pas un lieu où l'on pût mener des armées, l'Emir n'y put ſuivre ſon ennemi; & pendant qu'il ſongeoit aux moyens de le ſurprendre, la ſaiſon des pluies vint, durant leſquelles tout le pays eſt inondé, excepté les villages qui ſont bâtis ſur des collines. Cette ſaiſon qui dura trois mois, borna les deſſeins de l'Emir, qui ſe voyant ſi à l'étroit tâcha vainement de ſe mettre au large, les eaux l'empêchant également d'avancer & de reculer. Ajoûtez à cela que le Raja fit enlever tous les vivres des montagnes, & mît par ce moyen l'Emir dans une étrange extrémité. Ce mauvais temps dura trois mois, pendant leſquels la faim, les fatigues, & l'incommodité du lieu ruinérent preſque toute ſon armée. Il ne ſongea donc plus qu'à ſe retirer ſans rien faire, & dans ſa retraite il fut harcelé par les ennemis, qui profitant de l'occaſion enfermoient des troupes entiéres dans des plaines de bouës, & ne leur donnient point de quartier. Nonobſtant ces difficultés l'Emir retourna comme en triomphe, & ſe retira malgré eux chargé de gloire & de dépouilles. Son deſſein étoit d'aller achever l'année ſuivante la Conquête de ce Royaume, que le Château d'Azo qu'il avoit fait bien fortifier tenoit en bride, & qui pouvoit tenir long-temps contre les forces du Raja. Mais apeine fut-il de retour à Bengala, que la diſenterie deſola le reſte de ſon Armée & lui ôta

 la

la vie. Par ce moyen Auren-zeb n'eut plus rien à craindre, & tout grand Comédien qu'il étoit, il ne put s'empêcher de dire que cette mort le réjouyssoit. Il dit même un jour au fils du Défunt en présence de toute sa Cour qu'il avoit perdu un pére; mais que pour lui il étoit défait d'un tres-redoutable Ami.

Aprés avoir été quinze mois entiers à l'armée du Grand Mogol, le Général de la Compagnie obtint enfin notre passeport & nous partîmes mal escortés tous ceux qui nous servoient étant morts, ainsi tous las & fatigués que nous étions, il nous falut ramer nous-mêmes. Dans quinze jours nous fûmes à Déka où nous vîmes le beau vaisseau que nos deux Charpentiers avoient fait pour le Général. Il étoit monté de vint-huit à trente piéces de canon, & ils avoient ordre d'en faire un autre qui seroit plus long de quinze piés, & dont l'étrave & l'étambord étoient déja dressés. Delà nous nous rendîmes à la Loge des Hollandois, où l'on nous reçut parfaitement bien, mais nous n'y fûmes pas long-temps; parce qu'il faloit prendre la commodité des vaisseaux qui partoient d'Ongueli. Aprés avoir fait 120 lieuës le long de la riviére, nous relâchâmes pour quelques heures à Cazimabahar que le grand négoce des soies a rendu fort célébre. Delà nous allâmes à Ongueli où est le principal comtoir de la Compagnie des Indes. Chacun y prit différens emplois, & le mien m'attacha de-sorte au service de ces Messieurs, que je ne pus être de retour en ma chere patrie que l'an 1673.

FIN.

www.ingramcontent.com/pod-product-compliance
Ingram Content Group UK Ltd.
Pitfield, Milton Keynes, MK11 3LW, UK
UKHW020942180726
13838UKWH00003B/1073